浙江师范大学儿童文化研究院
红楼书系（第四辑）
儿童发展研究丛书

方卫平 主编

儿童的幸福感

基于社会与自我比较视角的研究

叶映华 著

山东教育出版社

图书在版编目（CIP）数据

儿童的幸福感：基于社会与自我比较视角的研究 / 叶映华著. —济南：山东教育出版社，2014

（儿童发展研究丛书 / 方卫平主编）

ISBN 978-7-5328-8410-0

Ⅰ.①儿… Ⅱ.①叶… Ⅲ.①儿童教育—研究 Ⅳ.①G61

中国版本图书馆CIP数据核字（2014）第075940号

本书受浙江师范大学儿童文化研究院儿童发展研究重大课题（项目批准号：ET20080203）资助。

儿童发展研究丛书

方卫平　主编

儿童的幸福感：基于社会与自我比较视角的研究

叶映华　著

主　管：山东出版传媒股份有限公司

出版者：山东教育出版社

　　　　（济南市纬一路321号　邮编：250001）

电　话：（0531）82092664　传　真：（0531）82092625

网　址：http://www.sjs.com.cn

发行者：山东教育出版社

印　刷：山东德州新华印务有限责任公司

版　次：2014年8月第1版　2014年8月第1次印刷

规　格：710mm×1000mm　16开本

印　张：15印张

字　数：163千字

书　号：ISBN 978-7-5328-8410-0

定　价：42.00元

（如印装质量有问题，请与印刷厂联系调换）

印厂电话：0534-2671218

总　序 / 方卫平

　　这一套由四种著作构成的儿童文化研究书系，系浙江师范大学儿童文化研究院红楼书系第四辑，也是我院"当代儿童发展研究重大课题"招标项目部分课题的最终研究成果。

　　这一招标项目的设计与实施，是浙江师范大学儿童文化研究院学术发展规划中的一项重要工作，其宗旨是借助研究院的专业平台，在科学设计和论证研究课题指南的基础上，面向学术界征集、资助一批关注当代儿童生存和发展重大理论、政策及现实问题的研究成果。2008年6月，在浙江师范大学校方的大力支持下，"当代儿童发展研究重大课题"招标通告刊发于《光明日报》，正式对外接收申报。在项目招标的通告与课题指南中，除自选课题外，共提供了19个经过反复研讨和论证的研究方向与课题。

　　在这一课题招标工作中，我们怀有三个基本的期望。

　　一是围绕着当代儿童发展的核心题旨，将长久以来分散在各个不同学科领域的儿童研究力量集中起来，以加强国内儿童研究界从一个富于统摄性的视野支点来考察、应对当代儿童发展问题的意识与能力。从当前儿童研究事业的发展现状来看，它所亟需推进的工作之一，正是这样一种综合性视野的建构。实际上，从2007年浙江师范大学儿童文化研究院启动《中国儿童文化研究年度报告》系列的编撰工作开始，我们就已将这一研究统合作为研究院工作的重要内容，此次课题的招标设计，也在很大程度上得益于年度报告工作的准备与支持。

二是借助上述研究力量的统合及其呈现，探索和凸显我们一直在思考与关注的儿童学学科建设的问题。鉴于这一考虑，我们在招标课题的指南设计中有意融入了以下问题的思考：作为一个学科的"儿童学"如何可能，它应当包含哪些内容，它与当前中国儿童发展现实的关联又在哪里，或者说，这一学科建设本身将以何种方式促进我们对儿童现实问题的关切和思考？招标课题的指南凸显了这一注重理论与实践相结合的儿童学学科建设方向。

三是突出对于儿童研究的中国化与中国问题的思考。在招标课题的指南中，这一思考又体现在两个方面。一是在全球化背景下，目前中国儿童发展面临的许多问题也是包括东西方发达国家在内的许多地区共同面临的问题。因此，通过吸收和借鉴国外儿童研究前沿性的理论和实践成果，可以为我们应对相近的本土儿童问题提供重要的参考。二是由于中国社会特殊的政治、经济、文化环境，我们的儿童研究又面临着各种特殊的本土问题，比如独生子女问题，流动与留守儿童问题等。这些问题与儿童保护、新媒介环境等普遍的儿童发展问题相互交缠，使得关于后者的思考到了中国的语境，也变得格外复杂起来。在此次重大课题的招标工作中，有关本土儿童研究的思考构成了一个重要且基本的维度，它也落实在了课题指南的整体设计中。

招标公告发出后，我们陆续收到了若干来自高校和其他机构的项目申报书。经过严格的专家评审，最初共有八项申请获得立项。此次出版的四部著作，是其中四项已经完成并通过结题的成果。这四部著作所探讨的研究问题涉及流动儿童教育、儿童网瘾防治、学前教育政策和儿童幸福感研究，均系与当前儿童发展现实密切相关的话题，其作者也大多为相应领域的研究先行者。

周国华的《流动儿童的教育管理与社会支持》一书，以近年来颇受关注的流动儿童群体为研究对象，从学理性的角度探讨这一群体的教育问题及出路。该研究融入了作者与他带领的研究团队亲身搜集的许多有价值的第一手调查访谈资料，这为整个研究工作提供了十分重要的现实依托，也使其理论探讨得以展开在更为坚实的现实基石之上。而我尤其看重的是，作者不仅是以一名高校研究者的专业态度和精神，更是怀着对于流动儿童群体的真诚同情和由衷关切，投入到这项研究工作的研究之中。我以为，这样的精神和情怀，正是今天的儿童研究事业格外需要的。

周小虎的《为了儿童的利益：美英学前教育政策比较研究》一书，其主要的研究内容为美国和英国的学前教育政策，但其重点的研究旨归，则在于通过"他山之石"的经验，来启迪和促发中国本土的学前教育改革与发展。近年来，学前教育在整个儿童教育链条上的重要性及其存在的诸多问题与不足，越来越引起国人的关注。而在发现和改进这些问题、提升本土学前教育质量的过程中，政策的维度不容忽视，甚至可以说，在现阶段，它比许多具体的教育实践更决定着学前教育事业的长远未来。就此而言，《为了儿童的利益：美英学前教育政策比较研究》为国内学前教育政策的规划和思考，提供了一个开阔、前沿的视野和一种及时、有益的借鉴。

章苏静与金科合著的《亲子关系与儿童网瘾防治策略》一书，探究从亲子关系层面来展开儿童网瘾防治的基础与可能、对策与实践等，书中探讨的"儿童网瘾防治"问题，是当前越来越多的家庭共同面临的教育困惑，也与当前网络媒介环境下儿童的生存现实息息相关。与其他层面的方案研究相比，从亲子关系的角度展开的儿童网瘾防治，不是以"堵"和"罚"的方式，而是通过"疏"和"导"的途径来进行。而且，由于这样的疏导在最亲密的亲子关系中展开，其效果也得到了来自亲子情感的支持——毫无疑问，在儿童应对日常生活的各种问题时，这也是一种最有力的情感支持。因此，对于儿童网瘾的防治而言，它应该是一个富于成效并且值得大力普及的取径。

叶映华的《儿童的幸福感：基于社会与自我比较视角的研究》是一部探讨儿童幸福感的研究著作。这显然是一个极具当代性的课题。随着当代家庭物质生活条件的日益提升，儿童的幸福感在儿童的生存发展中愈益受到人们的重视。在实地儿童访谈和实证调查工作的基础上，这部著作提供了考察儿童幸福感的一个重要视角，其研究发现对于我们理解儿童幸福感的形成，以及帮助提升儿童幸福感的指数，具有特殊的理论和实践参考意义。

以上四部著作作为本次重大课题招标的首批成果，从一个侧面展示了当代儿童研究作为一个学术领域的开放性、丰富性及其独特的人文和学术价值。我要感谢这五位研究者。为了我们关切的儿童和儿童研究事业，我们付出着共同的热情和努力，愿这努力的火种有助于将本土儿童研究的思考与想象，带到一个更远的地方。

我也要感谢山东教育出版社，感谢你们为这样一个纯粹的文化学术事业所作的奉献。我相信，在本土儿童研究的发展进程中，这将是一个会被历史记住的姿态。

2014年7月30日

于浙江师范大学红楼

序 言

促进儿童健康幸福发展，始终是教育研究领域关注的重要问题之一，也是教育的最终目标之一。儿童幸福一直是教育的困境，在当前关注儿童积极心理品质发展的大背景下，探讨儿童幸福的来源、影响因素及引导儿童走向幸福，具有新的时代意义。

关于幸福，不同的学者从不同的研究视角做过界定。对个体幸福状态的最佳定义可能是"个体能够发展自己的潜能，高效并有创造性地工作，与他人形成牢固和积极的关系，及对他们所属的群体有贡献。"[1] 幸福是一个多维度的概念，包括复杂的内容和结构。主观幸福感（Subjective Well-Being）与客观幸福感相对应，指人们对自己幸福程度的自我评价，对自身所处环境的自我评价，以及人们的行为反应和这一过程的主观后果。[2] 主观幸福感基于快乐体验，包括个体感知到的生活满意度，积极情感频率最大化和消极情感频率最小化。[3]

————————

[1] [2] Eleanor Pontin, Matthias Schwannauer, Sara Tai, & Peter Kinderman. A UK validation of a general measure of subjective well-being: the modified BBC subjective well-being scale (BBC-SWB). *Health and Quality of Life Outcomes*, 2013, 11:150.

[3] Danilo Garcia, Saleh Moradi. The Affective Temperaments and Well-Being: Swedish and Iranian Adolescents' Life Satisfaction and Psychological Well-Being. *J Happiness Stud*, 2013, 14:689–707.

迪纳（Diener）则认为主观幸福感专指评价者根据自定的标准对其生活质量的整体性评估。[1] 心理学视野中的幸福较多关注个体的主观幸福感，从个体的视角来看待幸福，而不是从社会视角出发来定义幸福。总体来看，每一个人都能对幸福做出自己的描述，但却没有一种描述能够被普遍接受。在日常生活中，人们对"幸福"的感知和判断千差万别，健康、财富、外表、人际或者地位，有些人认为健康对幸福获得最为重要，有些人认为金钱最重要，有些人认为对幸福的感知会随着时间的变化而变化，没有一个统一的认知，等等。康德曾为之感叹："幸福的概念如此模糊，以致虽然人人都想得到它，但是，却谁也不能对自己所决意追求或选择的东西，说的清楚、条理一贯。"为此，康德只好无奈而富有韧性地将幸福定义为："幸福"乃是尘世间一个有的存在者一生中所遇到事情都称心合意的那种状况。[2] 幸福既是绝对的，又是相对的；既是暂时的，又是永久的；既是主观的，又是客观的。

对儿童而言，什么是幸福？依据迪纳对主观幸福感的解释，幸福是儿童根据自定的标准对其生活质量的整体性评估，或者幸福是儿童生活中所遇到的事情都称心合意的状况。儿童的幸福更多地体现在生活及学习的过程中。儿童的幸福是一种过程，而教育所规定的儿童的全面发展更多地体现了一种结果。现在的儿童幸福吗？很难给出确切的答案。在普遍的观点中，儿童的幸福感不高。家庭领域，由于家长希望子女成才的心态比较迫切，家长对于儿童的成长似乎有些迫不急待，大城市里的孩子基本上都要参加各种兴趣班、个性发展班，学校

---

[1] 李志，谢朝晖：《国内主观幸福感研究文献述评》，载《重庆大学学报（社会科学版）》，2006（4）。

[2] 张景臣，刘翔平，康雪：《幸福比成功更重要》，http://news.xinhuanet.com/theory/2009-01/13/content_10645973.htm.

以外的其他时间基本上也被各种课外辅导占据。在教育领域,虽然提倡素质教育,但不可否认的是,学校对儿童的教育在素质教育的框架下也加上了考试分数的桎梏。儿童幸福较多时候只是学校、社会和家长的一种想象,儿童的幸福只是社会和家长认为的幸福,而儿童本身并不幸福。当然,也有很多家长认为自己的孩子是幸福的,因为这一代的儿童与父辈相比,在物质上有了质的提高。但这一代的儿童却失去了父辈所拥有的精神上的富足,如游戏的、满山满地狂奔的、有蛐蛐和知了在耳边吟唱的童年。这种状况也演变成了现阶段教育过程中的一个矛盾:教育应该以儿童的幸福为目的,但事实上,教育似乎造成了儿童极大的不幸福。

对这一矛盾的一种解释是,部分剥夺儿童现在的快乐,是为了儿童享有美好的未来。没有现在的努力付出,哪有将来的美好回报。所以教育往往很难以幸福作为目标,而是把儿童的全面发展作为目标。但这一解释有失偏颇。首先,这有违教育的最终目标。教育的最终目标是儿童的幸福,但目前的教育过程带给儿童的并不是一种本质的幸福,而是一种假想的幸福。我们目前所处的教育背景是这样一种状况:如果孩子考试成绩好了,老师和家长会给予奖励,孩子会把这一过程错误地理解为幸福的过程,而忽略了幸福的一些本质。也许目标实现后的奖励能够使儿童感受到片刻的快乐,并使儿童朝下一个目标努力,并坚信目标的实现就是一种幸福,但这些仅仅是幸福的假象,而不是一种指向未来的、长远的、发展性的幸福。这种假象的破裂在现阶段对儿童教育的质疑中日益显现出来。其次,这有违儿童的成长发展规律。儿童的成长有其规律,错过的将永远错过。很多时候我们总被问到类似问题,假设大学四年重来一次、童年重来一次、婚姻重来一次,你

4 / 儿童的幸福感：基于社会与自我比较视角的研究

还会有同样的选择吗？面对这样的问题，我们在认真思考，如果能够重来，我们会怎么样。但是生活没有如果，童年也没有如果，只有一次。我们把本应该发展人格、培养兴趣、形成积极心理品质和积极认知的童年生活填充进各种各样儿童不喜欢的内容，而天真地认为有些品质可以在成年获得，是一种多么错误的想法。最后，这一解释本身的科学性与合理性存在问题。今日的付出并不必然等于明日的收获，特别是当这种付出以抹杀儿童的创新性和兴趣为代价的时候。这从我们现阶段近乎"畸形"的教育现状可见一二。义务教育阶段的儿童，在分数的束缚下，逐渐失去本来属于他们的"灵性"，失去了对知识本身的兴趣。因此，"考完了、抛完了"等怪现象比比皆是。这样的儿童，在未来能收获幸福吗？这一点值得怀疑。我们的孩子缺乏的是信仰、价值观，所以最终他们缺乏的是真正的幸福。对教育来说，幸福更多的是一种终极关怀，是一种终极目标。儿童的幸福属于儿童，也应该由儿童去创造。一份全国范围内的"中国儿童幸福感调查报告"的结果表明，我国学前及小学儿童总体幸福感较高，幸福感有随儿童年龄增大而降低的趋势。然而，不容忽视的是，小学儿童在学习方面幸福感低。城乡小学儿童多方面幸福感差异明显，城市儿童的幸福感远远高于农村儿童。小学生在家庭、师生和学习等多方面都有越长大越不幸福的趋势。[1]

我们关注儿童的幸福，关注影响儿童幸福的因素。应该说，影响儿童幸福的因素非常多，其影响机制也非常复杂，既包括儿童内部主观影响因素，也包括环境等外在客观影响因素。具体来看，影响儿童

---

[1]《中国儿童幸福感调查报告》，http://baby.163.com/special/00264DQB/xingfugan.html.

幸福的因素包括：一是人口统计学变量对幸福的影响，如儿童的性别、年级、地域、学校类型等因素；二是各种心理因素对儿童幸福的影响，如人格、自我表露、归因特点、认知方式等；三是各种客观环境因素对儿童幸福的影响，如儿童经历的负性生活事件的类型和数量、家庭环境、社会文化背景、教育环境等因素，以及上述这些因素的交互影响作用。在这些看似繁杂的影响因素之下，是否存在一些共性的影响机制呢？

2007年，王建民在《光明日报》上发表了《幸福感的社会性及其中国语境》一文，从社会学的视角重新审视"幸福"及影响幸福感的因素。在文中，作者提到可以从社会记忆、社会期望、社会群体和社会建构四个方面对幸福感之形成的社会性因素加以讨论。社会记忆、社会期望和社会群体对幸福的影响指出了幸福的一个重要影响因素——"比较"。个体的社会比较如果会影响个体的幸福感，那么这种社会比较除了包括社会群体的比较外，还应该包括跨越时间的维度，包括社会记忆（与过去的比较）和社会期望（与未来的比较），且这三种比较对幸福感的影响有一个重要的中介变量——社会建构。[1] 其对比较的阐述，更多指的是建立在群体的基础上，而不是以个体为基础。

事实上，古希腊的哲学家早就提出幸福是相对的。幸福的相对性有三个基本假设：（1）幸福来自于比较；（2）比较的标准不断在调整；（3）比较的标准是主观构建的。[2] 或者更简单地说，幸福以客观现实为基础，但其最终是个体主观构建的，依据主观的标准，对自己的幸福做出评价和判断。

---

［1］王建民：《幸福感的社会性及其中国语境》，载《光明日报》2007-11-27。
［2］Ruut Veenhoven.Is happiness Relative? *Social Indicators Research*, 1991, 24（1）:1-34.

那么，来自儿童的社会比较和自我比较（过去、现在和未来）是否会影响儿童的幸福感？对儿童而言，其比较的内容、比较的动机等方面是否具有特殊性？在本书中，我们把儿童界定为0—18岁的个体，考虑到0—3岁儿童对幸福的认知没有形成，仅区分3—6岁、6—12岁、12—18岁三个阶段的儿童来具体阐述其不同的比较内容、比较动机，及比较对儿童幸福的影响。对于前两个阶段的儿童（3—6岁、6—12岁），我们采用质的访谈研究法，对于后一个阶段的儿童（12—18岁），我们采用量的问卷研究法。我们预期的假设是，对12—18岁的儿童而言，学习成绩的比较是他们比较的主要内容，且对这一阶段儿童的幸福感产生了影响；对于0—12岁的儿童，由于认知发展水平的局限性，其对幸福的理解较具体，学习成绩及其他的内容如特长，都有可能是这阶段儿童比较的主要内容，且对这一阶段儿童的幸福感产生影响。在对比较与幸福感的关系进行研究之前，笔者首先对儿童的幸福理解与认知进行初步简单的探索，了解儿童理解中的幸福是什么，和成人是否存在差异。本书将对上述问题逐一展开讨论。

幸福是人类最大的善，让儿童达到最大的幸福是教育的终极目标。不同的人有关于幸福的不同标准，但对于成长中的儿童，培养一种"善"的幸福，发展的幸福，会令其一生受益无穷。本书仅仅从社会比较与自我比较的视角，对儿童幸福的来源及提升儿童幸福的策略做粗浅的分析，希望我们的教育能够基于儿童认知中的幸福，以儿童的幸福为最高的任务和目标。

目 录

第一章
导论

　　儿童幸福是教育的终极目标之一。马卡连柯曾说:"我确信,我们的教育目的不仅仅在于培养能最有效地参加国家建设的那种具有创造性的公民,我们还要把所有受教育的人变成幸福的人。"[1] 有此言论的教育家不止马卡连柯一位,多位教育家都曾表达过此观点,如苏霍姆林斯基说:"教育的理想就在于使所有的儿童都成为幸福的人,使他们的心灵由于劳动的幸福而充满快乐。教师不应该是势利的。"[2] 可见儿童教育的终极目标不是使儿童成为多么有成就的人,而是使儿童成为幸福的人。

　　幸福是一个复杂多维度的概念,包含的内容涉及个体主客观的各个方面。幸福既是主观的,也是客观的,客观的内容最后通过个体主观评价后,形成个体的主观幸福感,并影响个体的行为反应。同时,幸福既包括主观幸福感,又包括心理幸福感和社会幸福感,前者是

---

　　[1] 姚素慧:《幸福:儿童教育的终极目标》,或《成都教育学院学报》,2006(7)。
　　[2] 苏霍姆林斯基——教育的理想就在于使所有的儿童都成为幸福的人[EB/OL].(2011-02-14). http://www.rabszx.com/blog/u/32/archives/2011/918.html.

"快乐论"观点，后两者是"自我实现论"观点，关注个体潜能的实现。[1] 有学者提出幸福指积极特质，用"心理幸福感"（Psychological Well-Being，PWB）更能反映这种积极性，心理幸福感不仅仅是远离压力和心理问题，[2] 它包括自主(autonomy)、环境控制(environmental mastery)、个人成长(personal growth)、积极的人际关系(positive relations with others)、生活目的(purpose in life)和自我接受(self-acceptance)等积极的因素。[3]

　　相关研究表明了幸福概念的多元化趋势。时至今日，我们也很难确定地回答"什么是幸福"。正因为幸福概念的复杂性，对儿童幸福的追求也变得极为困难。我们很难界定什么是儿童的幸福，不同的人群对儿童的幸福有各自不同的理解，教师、家长及儿童自己都有自己的幸福观。但是，幸福概念还是具有一些本质性的东西，它应该是积极的、有创造性的、主客观结合的、自我发展和实现的，等等。虽然不同研究者理解的幸福有不同的侧重点，但依然有共性的内容存在。在笔者的理解中，快乐体验仅仅是一种浅显的幸福表现，幸福应该有其深刻的内涵。因此，迪纳所界定的主观幸福感更能被各领域学者接受：主观幸福感专指评价者根据自定的标准对其生活质量的整体性评估。这一概念能揭示幸福的部分本质特点。本研究中儿童的幸福主要指儿童的主观幸福感，并采用迪纳在1984年提出的主观幸福感这一概念。

---

　　[1] 陈浩彬，苗元江：《主观幸福感、心理幸福感与社会幸福感的关系研究》，载《心理研究》，2012（4）。

　　[2] Halim SARICAOĞLU, Coşkun ARSLAN. An investigation into psychological well-being levels of higher education students with respect to personality traits and self-compassion. *Educational Sciences: Theory & Practice*, 2013, 13(4)：2097–2104.

　　[3] Carol, D. Ryff. Psychological well-being in adult life. *Current Directions in Psychological Science*, 1995, 4(4), 99–104.

本论著把儿童幸福感问题抛还给儿童，从儿童的视角来看儿童的幸福。研究的切入点是幸福相对性和主观性的体现——"儿童的比较"，探索影响儿童幸福感的"比较"因素。研究的一个基本假设是，最终影响儿童幸福感的是儿童的主观因素，而不是客观存在的因素，客观存在的因素通过儿童主观的因素影响其幸福感。没有绝对的幸福，幸福是相对的。幸福的相对性和主观性的表现之一就是存在于生活及学业等各方面的"儿童的比较"。地位、成绩、外表、能力、人际关系等是儿童比较的主要内容。

在导论部分，将具体阐述本研究的研究目的，研究问题，研究构思，著作结构，数据、程序和分析，关键术语六个方面的问题。

一、研究目的

本研究的主要目的是探讨影响儿童幸福感的"比较"因素，包括自我比较和社会比较两个方面，以完善儿童幸福感研究的内容。

为了实现这个研究目的，作者结合采用访谈法和问卷法，来探索影响儿童幸福感的比较因素。在本研究中，把儿童界定为0-18岁的孩子，再具体分为3-6岁阶段儿童、6-12岁阶段儿童、12-18岁阶段儿童。对于3-6岁阶段的儿童而言，比较及幸福的概念太抽象了，因此，在本著作中，专门针对6-18岁儿童的比较与幸福感的关系进行研究和讨论，而对3-6岁的儿童只在第一个访谈研究中初步了解儿童对幸福的认知。6-12岁儿童比较与幸福感的关系研究采用访谈法，12-18岁儿童的研究采用问卷法。

本著作包含两个访谈研究。第一个访谈研究关于儿童幸福理解和认知，了解儿童认知中的幸福是什么，儿童对自己幸福与否的判断，及儿童对导致不幸福因素的理解。第一个访谈研究主要针对3-18岁的儿童进行，是一个初步的探索研究，以探明儿童对幸福的理解是否和成人对儿童幸福的理解存在差异。

第二个访谈内容主要探讨6-12岁儿童比较取向的类型、表现特征、形成原因及不同年龄儿童在比较取向的类型、表现特征及形成原因上是否存在差异。具体针对四个研究问题开展研究：（1）儿童比较取向可分为哪些类型，各有何表现特征？（2）儿童比较取向形成的原因及如何运作？（3）不同年龄儿童在比较取向的类型、表现特征及形成原因上是否存在差异？（4）儿童的比较结果是否会影响儿童的认知、情绪和行为反应，影响儿童的幸福感？

在问卷研究中，主要探讨12-18岁儿童幸福感现状，学业社会比较与自我比较的特点，及其对儿童幸福感的影响。重点关注儿童的学业比较，具体探索学业比较倾向、学业比较动机及学业比较方式对儿童幸福感的影响。

最后，在访谈研究和问卷研究的基础上，提出提高儿童幸福感的对策和建议。

本著作研究具体的研究目的包括：

1. 采用访谈法，了解3-18岁儿童对幸福的理解和认知，及对自己幸福与否的判断，以及导致不幸福因素的分析。

2. 采用访谈法，对6-12岁儿童社会比较和自我比较的内容进行探索，并分析其对这一年龄阶段儿童幸福感的影响。

3. 采用问卷调查法，对12-18岁儿童学业比较的内容进行探索，并采用统计分析方法，探索其对这一年龄阶段儿童幸福感的影响。

4. 在上述三个研究的基础上，提出提高儿童幸福感的对策和建议。

二、研究问题的提出

（一）研究问题的提出背景

本著作以儿童的幸福感作为研究主题，探索儿童比较与幸福感的关系，既有其理论背景，也有其现实背景。

理论背景是积极心理学的兴起。21世纪以来，以塞利格曼（Seligman）和希斯赞特米哈伊（Sikzentmihalyi）《积极心理学导论》一书出版为标志，积极心理学锋芒毕露，矛头直指在过去近一个世纪占主导地位的消极心理学模式。积极心理学倡导心理学研究的积极取向，关注人类积极的心理品质，强调人的价值和人文关怀。[1] 对幸福感的研究是积极心理学的主要研究内容之一，幸福感包括两个方面的内容：主观幸福感受和幸福表现。主观幸福感受是个体的一种主观体验，包括生活满意、正向情感、负向情感三个维度；幸福表现是指个人外在具体影响幸福感受的重要因素，或者称主观幸福感受的外在表现，包括物质满足、事业成就、自主性和人际关系四方面内容。[2] [3]

现实背景是对儿童幸福感的关注和重视。没有一对父母不希望自己的孩子能够快乐地长大，感受到极大的幸福，所以父母以自己的方式来提升孩子的幸福感，如重视孩子的学业，认为有好成绩的孩子会更幸福，即便现在不幸福，将来长大了也能够幸福。但是父母逐渐发

［1］李金珍，王文忠，施建农：《积极心理学：一种新的研究方向》，载《心理科学进展》，2003（3）。

［2］Daniel Kahneman, Alan B. Krueger. Developments in the Measurement of Subjective Well-Being. *Journal of Economic Perspectives*, 2006, 20（1）:3-24.

［3］Daniel Kahneman, Alan B. Krueger, David Schkade, Norbert Schwarz, Arthur A. Stone. Would You be Happier if You were Richer? *A Focusing Illusion.Science*, 2006（312）:1908-1910.

现自己的一些做法似乎没有达到原有的期望。孩子与父母间的沟通越来越少，两代人之间互相的不体谅越来越多，孩子的心理问题也越来越多。很多家长都很疑惑，我的孩子到底怎么了，怎么就这么不懂事呢，我们所做的一切都是为了孩子的幸福啊。儿童的幸福，看似简单的几个字，却充满了父母和孩子的无奈。父母想给孩子幸福，但是父母所给予的却不一定是孩子想要的幸福。儿童幸福感的研究，从而具有了新的现实意义。

在积极心理学研究兴起的理论背景下，儿童幸福感的研究越来越受到关注。儿童心理方面的理论研究及学校教育的实践领域都倡导培养儿童的积极品质，从而促进儿童的心理积极发展。到目前为止，关于儿童幸福感的研究主要集中在儿童主观幸福感方面，主要包括以下几个方面的内容：主观幸福感概念的研究、主观幸福感的测评研究、主观幸福感影响因素研究。

根据以往的研究，在儿童幸福感研究中，存在以下问题：

第一，过多关注人口学变量和各种心理因素对主观幸福感受的影响，而忽略其他社会因素对幸福感的影响。幸福是主观感知的内容，除了一些客观变量外，主观因素也可能会影响儿童的幸福感；

第二，关注基于现在的社会比较因素对儿童幸福感的影响，而忽略基于过去和未来的自我比较因素对儿童幸福感的影响。相关研究较少有跨越时间维度对儿童幸福感所进行的探索，大部分是同一个时间层面的研究；

第三，过多关注中学阶段儿童的幸福感研究，而忽略更低年龄层次儿童的幸福感研究；

第四，过多采用问卷调查法研究儿童幸福感，而忽略幸福感是一种感性化的社会事实，单一的问卷调查法的研究结论缺乏说服力；

第五，没有充分重视12-18岁阶段儿童学业比较对这一年龄阶段儿童幸福感的影响作用；

第六，较多从成人的视角理解儿童的幸福，而没有从儿童的视角理解和认知儿童的幸福，得出的关于儿童幸福的结论可能也有失偏颇。如现在关于儿童是否幸福的问题，一些观点认为现在的儿童非常幸福，另一些观点则认为现在的儿童非常不幸福。但这两种观点均是从成年人的视角得出的，儿童自己的幸福感受如何，很少有相关方面的系统调查。

本研究在文献综述及访谈的基础上，主要关注社会比较和自我比较对儿童幸福感的影响。突破幸福感研究完全依托心理学研究的范畴，结合社会学和心理学的研究范式和内容，探讨儿童幸福问题。

（二）研究问题提出的意义

本研究问题提出主要基于以下几个方面的意义：

其一，对儿童幸福感的研究是对党的十六届六中全会关于构建和谐社会的响应。党的十六届六中全会通过的《中共中央关于构建社会主义和谐社会若干重大问题的决定》中明确提出，要"注重促进人的心理和谐，加强人文关怀和心理疏导，引导人们正确对待自己、他人和社会，正确对待困难、挫折和荣誉"。对儿童幸福感的研究极好地响应了文件精神。

其二，基于儿童幸福感研究的重要性，在积极心理学研究兴起的背景下，关于儿童积极品质的研究日益显示出其重要性。

其三，基于儿童认知因素——比较对儿童幸福感的重要影响，先前关于儿童幸福感的研究较多，但是更多地考虑儿童人口学变量和生活事件、人格等心理因素对儿童幸福感的影响，没有考虑比较因素对幸福感的影响，忽略了儿童也是一个社会人，生活在社会群体中这一事实，而生活在群体中的个体是不可能离开社会比较和自我比较的。以往的研究中也有关于社会比较对青少年主观幸福感影响的研究，但其关于社会比较的定义没有突破前人的研究思路，仅仅考虑了上行比较和下行比较。在本研究中，将同时依据时间，关注与过去的自己比较对儿童幸福感的影响；也关注12—18岁阶段儿童学业比较对主观幸福感的影响作用。

其四，基于儿童心理问题的日益显现，很多关于儿童心理健康及儿童幸福感的现状调查研究已经表明，儿童的心理问题日趋严重，较少有儿童感受到幸福，所以对儿童幸福感的研究具有一定的现实意义。

伊壁鸠鲁说："幸福生活是我们天生的善，我们的一切取舍都从快乐出发，我们的最终目标乃是得到快乐"。[1] 希望通过本书的研究，能够找到培养幸福儿童的有效途径，使儿童能够获得更多的幸福，并健康快乐地成长。

三、研究构思

本著作研究主要包括3—18岁儿童关于幸福理解与认知的访谈研究、6—12岁儿童关于自我与社会比较及对幸福感影响的访谈研究和12—18岁儿童学业社会与自我比较对幸福感影响的问卷调查研究，三个研究的研究构思如下所述。

---

[1] 邢占军，黄立清：《西方哲学史上的两种主要幸福观与当代主观幸福感研究》，载《理论探讨》，2004（1）。

（一）3—18岁儿童的初探性访谈研究

1．访谈被试

笔者抽取了3—6岁儿童共10名，6—18岁儿童每个年龄段10名左右。10岁以下的儿童采用面对面访谈的形式，由访谈员记录被调查儿童的答案；10岁以上的儿童采用纸笔形式调查，请儿童自行填写问题答案。

2．访谈提纲

这是一个初步探索性的访谈，访谈包括三个问题，分别是：

（1）对你来说，什么是幸福？

（2）你觉得自己幸福吗？

（3）有什么因素使你感觉不幸福吗？

3．访谈研究的效度

对于儿童幸福理解及认知的访谈及调查，是一个初步的探索研究。研究旨在简单了解儿童对幸福的认知。因此，对于研究的效度没有专门进行检验，仅仅与几位同事进行了简单的效度验证。

4．访谈研究的程序

研究者先完成访谈问题的设计。然后对访谈员进行选择和培训，访谈员以研究生为主。最后实施访谈。

（二）6—12岁儿童深度访谈研究构思

1．访谈被试

比较方向、比较对象、比较内容、比较动机及个人特质等因素都被认为可能会影响儿童的情绪、认知和行为反应。在质的研究部分，笔者将采用访谈的方法，对儿童比较取向类型、表现特征、形成原因等内容进行了解，并以案例的形式呈现访谈结果。被访者的选择上，将选取6-12岁年龄段的12名被试进行访谈。

2. 访谈提纲

本研究的访谈提纲根据研究问题，主要依据并采用黄建荣编制的"国小儿童社会比较与自我比较访谈提纲"。[1] 在访谈提纲上，紧紧围绕着儿童社会比较的比较方向、比较对象、比较动机和比较内容及自我比较的比较方向、比较对象、比较动机和比较内容展开。6-12岁儿童的访谈纲要包括五部分内容：一是为访谈暖身；二是了解受访者在学业上进行社会比较的状况；三是了解受访者在学习外其他方面进行社会比较的状况；四是了解受访者在学业上进行自我比较的状况；五是了解受访者在学业外进行自我比较的状况。

3. 访谈研究的效度

采用专家效度法。在访谈提纲编制完成后，将请幼儿园、小学和中学教师若干名，和研究者的同事一起，对访谈提纲进行讨论，以保证研究效度。

4. 访谈研究的程序

笔者前期先收集相关文献，在文献的基础上编制访谈提纲，培训访谈员，选取访谈样本，实施访谈，最后对访谈资料进行整理分析。

(三) 12-18岁儿童问卷调查研究构思

1. 研究被试

结合采用随机取样法和整群取样法，在浙江省杭州市选取300-400名12-18岁儿童为研究被试。这些被试将完成幸福感和学业比较相关

---

[1] 黄建荣：《国小儿童社会比较与自我比较之质化研究》，（台湾）屏东师范学院2005届硕士学位论文。

的问卷调查。

2．研究假设

问卷调查研究的主要研究假设是：

假设1：12-18岁儿童主观幸福感水平较低。

假设2：12-18岁儿童存在学业比较情况。

假设3：儿童的学业比较影响主观幸福感。

3a：儿童的学业比较倾向影响主观幸福感。

3b：儿童的学业比较方式影响主观幸福感。

3c：儿童的学业比较动机影响主观幸福感

3．研究工具

(1)《幸福感指数量表》和《生活满意度量表》

被试的主观幸福感通过这两份问卷测量获得，两份量表均为自陈量表。

《幸福感指数量表》(Index of Well-Being)由坎贝尔（Campbell）于1976年编制，测量被试目前所体验到的幸福程度。量表为七点计分，共包括九道题目，前八题的平均分与最后一题得分（权重1.1）相加即为幸福感指数总分。其范围在2.1（最不幸福）和14.7（最幸福）之间。

《生活满意度量表》(Satisfaction with Life Scale, SWLS)，由迪纳等人于1985年编制，共包含五个项目，采用七级评分，五个项目的平均分即为被试的生活满意度得分，分数越高，满意度越高。

两份量表的信度效度指标较好，应用十分广泛，已有不少研究使用。本研究对两份量表的信度进行检验,两份量表的内部一致性系数（α

系数）分别为0.951和0.807。

(2) 中学生学业比较问卷

本研究对青少年学业自我比较与社会比较的测量采用金春寒编制的《中学生学业比较问卷》。该问卷的编制步骤包括 [1]：通过对学生进行团体测试及咨询专家意见等方式，构建出问卷的理论模型，并在文献分析的基础上编制问卷初稿，问卷初稿在进行初测后，经过项目分析和探索性因素分析，调整了项目和因素，形成了比较倾向、比较方式和比较动机三个分量表，比较倾向分量表包括自我比较和社会比较两个因子，比较方式包括自我比较、上行比较和下行比较三个因子，比较动机包括自我确认、自我进步和自尊维持三个因子。正式问卷包括45题。45道题目均为正向计分题，被试在这一题目的得分越高，表明比较行为越多。因素分析结果表明，该问卷的效度较好。本研究中，问卷的内部一致性系数为0.920。

4．研究变量

(1) 先前变量——性别（男、女）、学习成绩（好、中、差）、家庭经济状况（好、中、差）、人际关系状况（好、中、差）、年级（初一、初二、初三、高一、高二、高三）；

(2) 过程变量——学业比较倾向、学业比较动机、学业比较方式；

(3) 结果变量——主观幸福感受（幸福感指数、生活满意度）。

5．统计处理

采用SPSS17.0和AMOS5.0统计软件对数据进行统计处理。

---

[１] 金春寒：《中学生学业比较的特点及其相关研究》，西南大学2007届硕士学位论文。

四、研究程序和分析

（一）研究程序

为了探索儿童幸福感的现状及比较因素对儿童幸福感的影响，我们结合采用了定性和定量的研究方法。本研究的研究程序如图1-1所示。图示详细描述了本研究的主要研究程序和研究计划。

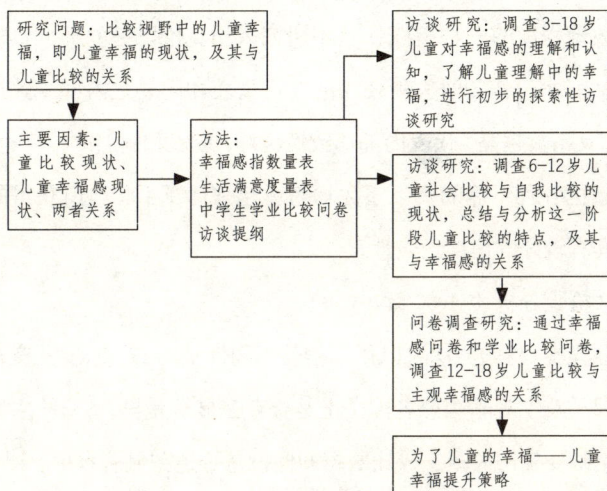

图1-1　本研究的主要研究程序和计划

（二）研究分析

本研究所有数据资料整理分析采用SPSS17.0和AMOS5.0统计应用软件完成，采用的具体的资料分析方法和统计方法有：

1. 描述性统计分析(descriptive statistics analysis)

主要目的是使用计算、测量、描述等方法，将数据资料加以整理、简化，使其中所含的意义和所传达信息的性质容易理解。[1] 本研究将

[1] 黄怡仁：《大学应届毕业生女学生创业意图及相关影响因素之研究》，（台湾）南台科技大学2007届硕士学位论文。

会采用百分比、平均数和标准差对一些变量资料进行整理。如样本被试的人口学构成分布情况，被试学业比较各因子、被试主观幸福感指数等各因子的最大值、最小值、平均数、标准差等描述性统计结果。

2. 信度分析(reliability analysis)

信度指经由测验所得结果，用以检定各因素内之构成项目对此因素的内部一致性、稳定性，或估计测验误差有多少，以实际反映出真实数据程度的一种指标。[1] 本研究采用克伦巴赫内部一致性系数(Cronbach's α)作为研究所使用的各份量表和问卷之内部一致性的信度指标，α系数越高，代表内部一致性越好，量表和问卷的信度也越高。克伦巴赫把各种可能的折半系数均考虑起来计算平均数所获得的信度系数，具有较好的信度代表性。

3. t检验分析(t-test analysis)

独立样本t检验方法可以用于检验不同性别的12-18岁儿童在学业比较各因子及主观幸福感各因子上是否存在显著差异。t检验主要用于两组的类别变量与等距、等比数据间假设是否达到显著水平。[2]

4. 单因素方差分析(one-way ANOVA analysis)

单因素方差分析主要用于求出F值，用以检验三组或三组以上的类别变量与等距、等比数据间假设是否达到显著水平。[3] 经过单因素方差分析后，当各组之间的差异达到显著水平时，采用最小显著性差

[1] 黄怡仁：《大学应届毕业生女学生创业意图及相关影响因素之研究》，（台湾）南台科技大学2007届硕士毕业论文。

[2] 黄怡仁：《大学应届毕业生女学生创业意图及相关影响因素之研究》，（台湾）南台科技大学2007届硕士毕业论文。

[3] 黄怡仁：《大学应届毕业生女学生创业意图及相关影响因素之研究》，（台湾）南台科技大学2007届硕士毕业论文。

异法(LSD)对成对均值进行差异检验以找出其差异所在。本研究利用单因素方差分析法来检验不同年级、不同经济条件、不同学习成绩的儿童在幸福感各因素上的差异。

5. 逐步多元回归分析(step-wise multiple regression analysis)

本研究将会采用逐步多元回归分析，依据各变量解释力的大小，逐步检验学业比较每一个预测变量的影响。[1] 儿童学业比较对主观幸福感影响的研究数据将会较多采用逐步多元回归的方法。

6. 结构方程建模(structural equation model，SEM)

结构方程建模是基于变量的协方差矩阵来分析变量之间关系的一种统计方法，所以也称为协方差结构分析。[2] 在本研究中，我们将采用结构方程建模方法构建学业比较对主观幸福感的影响模型。结构方程建模与统计应用软件密不可分，线性结构关系（LISREL，Linear Structural Relationships）和动差结构分析（AMOS，Analysis of Moment Structures）是两种基本的进行结构方程建模的统计软件，在本研究中，将使用AMOS5.0进行学业比较各因子的验证性模型及学业比较各因子对幸福感影响模型的构建及检验。

五、关键术语的操作性定义

本研究的几个关键概念的界定及操作性定义主要依据研究构思和内容，在查阅相关文献资料的基础上，采用相关研究的概念或由研究

---

[1] 黄怡仁：《大学应届毕业生女学生创业意图及相关影响因素之研究》，（台湾）南台科技大学2007届硕士毕业论文。

[2] 侯杰泰，温忠麟，成子娟：《结构方程模型及其应用》，北京：教育科学出版社，2004。

者自行界定。[1]

1. 幸福

本著作中的幸福主要指主观幸福感（Subjective Well-Being）。幸福是人们对自己生活各个方面的综合评价，包括三个特征：首先，主观幸福感存在于个体的体验中，具有主观性；其次，主观幸福感是对个体积极因素的测量；最后，是对个体生活各个方面的综合评价。[2]

2. 社会比较

社会比较是指儿童与自己以外的其他社会个体在某个内容上所进行的比较，如与同学进行的学习成绩比较、人际关系比较等。

3. 自我比较

自我比较是儿童"现在的我"与"过去的我"及"将来的我"之间是否存在差异所进行的比较，时间差异是一个重要的比较依据，比较的主体始终是自我。

4. 上行比较

上行比较是儿童与各方面表现均优于自己的人所进行的比较。如儿童与学习成绩高于自己的同伴所进行的比较。

5. 平行比较

平行比较是儿童与各方面表现均与自己相似的人所进行的比较。如儿童与学习成绩与自己相仿的同伴所进行的比较。

6. 下行比较

下行比较是儿童与各方面表现均不如自己的人所进行的比较。如

---

[1] 金春寒：《中学生学业比较的特点及其相关研究》，西南大学2007届硕士学位论文。黄建荣：《国小学童社会比较与自我比较之质化研究》，（台湾）屏东师范学院2005届硕士学位论文。

[2] Ed Diener.Subjective Well-Being.*Psychological Bulletin*, 1984, 95（3）:542-575.

儿童与学习成绩不如自己的同伴所进行的比较。

7．比较效应

比较效应指儿童进行比较后在情绪、认知、行为、生理等方面所产生的反应及影响。如儿童在与学习成绩高于自己的同伴进行比较后，心情不好，但认知上认为这是自己不努力造成的，应该改变不努力的现状，在行为上表现出努力的行为。

8．比较动机

比较动机是儿童比较的目的，儿童为了何种原因进行比较。依据金春寒的观点，比较包括三个目的：自我确认、自我改善或者自我抬升。

9．儿童

本研究中的儿童指0—18岁的个体。考虑到低年龄阶段儿童认知发展水平的特点，不能理解什么是幸福，因此主要针对6—18岁儿童进行研究，对于3—6岁的儿童，只在幸福感访谈的初步调查中有所涉及。

第二章
幸福与幸福的追求

第一节　幸福的概念

一、什么是幸福

什么是幸福？怎样才能获得幸福？千百年来，人们从未间断过对幸福进行思考、追问及探求，幸福是人类永恒的追求。回溯历史，先哲们孜孜不倦地探讨并追寻幸福的足迹清晰可辨。早在古希腊，著名的雅典政治家梭伦就曾与吕底亚国王克洛伊索斯讨论过关于幸福的问题，梭伦认为，财富的多少并不能决定一个人的幸福；幸福是人生的整体评价，只有在死后才能定论。[1] 此后，什么是幸福和如何实现幸福成了人类历史上探讨的一个永恒的话题。

然而，关于幸福，西方哲学史上存在着不同的见解，迄今为止学界也没有达成共识。目前普遍被认可和接受的幸福的两种基本类型是

---

[1]〔美〕达林·麦马翁著，施忠连、徐志跃译：《幸福的历史》，17页，上海：三联书店，2011。

快乐论和实现论，分别对应现代心理学的主观幸福感和心理幸福感。快乐论快乐的产生在有些时候不需要自我实现的存在，但自我实现从来不会存在于快乐论快乐缺席的情境下。快乐论快乐可能是兴趣之路的终点，自我实现是兴趣之路的起点。[1] 快乐主义和自我实现论理论上的争论与分歧一直存在，而这种争论与分歧也造成了幸福感的分歧。心理学领域主观幸福感的研究从操作性的层面测量个体的主观幸福感，其主观幸福感概念的理论基础建立在快乐论上；而后来出现的心理幸福感的理论基础主要建立在自我实现论上。[2] 但必然强调其理论基础的归类不是绝对的，而是相对的。主观幸福感也有其积极的成分，包含了部分的自我潜能的实现。主观幸福感与心理幸福感之间的界限并非绝对清晰。快乐论认为幸福就是快乐的主观心理体验，主要代表人物有伊壁鸠鲁，他主张人应该自由地寻求和享受人间的快乐和幸福生活，趋乐避苦是人的本性，快乐和幸福是生活所追求的目的。[3] 他指出，"快乐是幸福生活的开始和目的。因为我们认为幸福生活是我们天生的最高的善，我们的一切取舍都从快乐出发；我们的最终目的乃是得到快乐。"[4] 所谓的快乐，伊壁鸠鲁认为是指身体的无痛苦和灵魂的无纷扰。同时，他区分了两种快乐，一是身体上的快乐，二是精神上的快乐。他认为身体快乐是指维持人的生命所必需的物质条件的满足，身体的快乐是必要的，但它是暂时的、不稳定的、浅薄的。[5] 他强调精神的快乐，

---

[1] Robert Biswas-Diener, Todd B. Kashdan, Laura A. King. Two traditions of happiness research, not two distinct types of happiness. *The Journal of Positive Psychology*, 2009, 4 (3): 208–211.

[2] 邢占军，黄立清：《西方哲学史上的两种主要幸福观与当代主观幸福感研究》，载《理论探讨》，2004（1）。

[3] 苗元江：《心理学视野中的幸福》，21–52页，天津人民出版社，2009。

[4] 邢占军，黄立清：《西方哲学史上的两种主要幸福观与当代主观幸福感研究》，载《理论探讨》，2004（1）。

[5] 丁心镜：《幸福学概论》，18页，郑州大学出版社，2010。

因为只有精神上的快乐是持久的、稳定的、深刻的，心灵的舒适和愉悦是身体快乐所无法满足的。[1]

德国古典哲学家费尔巴哈继承了快乐主义幸福观，并对其进行了较为系统的论述。费尔巴哈十分强调感性的满足，把获得快感和情欲的满足作为幸福的标志。"幸福不是别的，只是某一生物的健康的正常的状态，它的十分强健的或安乐的状态；在这一种状态下，生物能够无阻碍地满足和实际上满足为它本身所特别具有的、并关系到它本质和生存的特殊需要和追求。"[2] 在费尔巴哈看来，幸福是顺应生物自然的需求并且十分注重感觉的心理体验。

此外，以倡导功利主义而著名的英国哲学家边沁、穆勒等人发展了快乐论，他们基于人的感性欲望，把追求快乐看作人的本性，修正并补充了幸福的功利原则和评价标准。

与快乐论相对的幸福观是自我实现论，也称实现论，强调幸福是人的一种完善自我的活动，幸福即人的自我实现。在这种意义上，也有学者称之为完善论。亚里士多德是古希腊百科全书式的思想家，曾对幸福的问题进行了深入的研究，他围绕"幸福是合乎德性的现实活动"这个中心命题，着重探索了"至善"和幸福的德性内涵，以及达到"至善"与幸福的条件、途径与方法，是自我实现论的著名代表。[3] 亚里士多德不接受"幸福就在于逸乐"的快乐论，认为这种观点属于

---

[1]《论伊壁鸠鲁的快乐主义》，http://www.doc88.com/p-977836225044.html.

[2] 邢占军，黄立清：《西方哲学史上的两种主要幸福观与当代主观幸福感研究》，载《理论探讨》，2004（1）。

[3]〔美〕达林·麦马翁著，施忠连、徐志跃译：《幸福的历史》，49页，上海：三联书店，2011。

"大多数粗俗之人"，更适用于"吃草的动物"，而不是人类。[1] 他断言，要成为一个美好的人，就是要按照我们人特有的美德，即理性来生活。而一个美好的人，就是一个幸福的人。因此，在亚里士多德看来，幸福是"表现德行的灵魂活动"。[2] 持自我实现论的学者基本都认同幸福不仅仅是简单的快乐，应该包括更深层次的内容，如人的德性等。幸福是一个复杂的概念，这个概念有复杂的结构。如果幸福与快乐等同，那人与动物的区别也就不明显了。幸福应该体现人的主观能动性，强调人的自我实现。在人类自我实现的过程中，才能达到真正的幸福。

19世纪德国哲学家包尔生进一步发展了幸福自我实现论，他将幸福哲学史上的幸福观归为两种基本形式：快乐主义和自我实现论。包尔生明确定义了自我实现论的概念，"幸福是指我们存在的完善和生命的完美运动。"[3] 幸福是通过人们的活动展现出来，他提到，"我创造了自我实现论这个词，以使我的观点和快乐主义形成鲜明的对照，即意志的目的不在感情，而在行动。"[4]

快乐论与自我实现论从各自对幸福本质的不同理解来定义幸福，前者把幸福定义为满足和快乐，后者对幸福的定义建立在自我实现和全部功能的实现。快乐主义概念的一个主要标准是人们对生活的评价

---

[1]〔美〕达林·麦马翁著，施忠连、徐志跃译：《幸福的历史》，50页，上海：三联书店，2011。

[2]〔美〕达林·麦马翁著，施忠连、徐志跃译：《幸福的历史》，49页，上海：三联书店，2011。

[3] 孙英：《幸福论》，54页，北京：人民出版社，2004。

[4] 邢占军，黄立清：《西方哲学史上的两种主要幸福观与当代主观幸福感研究》，载《理论探讨》，2004（1）。

依据自己的标准和价值。[1] 两者对幸福的解释都侧重了一个方面，目前来看，并没有统一的定论。可能人们对幸福的理解永远也不可能达到统一，但学者们不同的认识和理解，让我们对幸福概念和本质有了更多的思考与探索。

基于快乐论和自我实现论两种对幸福的不同见解，现代心理学幸福感的研究出现了主观幸福感（SWB）和心理幸福感（PWB）两种相对应的研究范式。主观幸福感（Subjective Well-Being），目前学界较为认可迪纳（1984）所作的定义，主观幸福感专指评价者根据自定的标准对其情感和生活质量的整体性评估。[2] 至于心理幸福感（Psychological Well-Being），其哲学基础是自我实现论，强调人的潜能的充分实现，Ryff 等人批判了主观幸福感对于情感的过度关注，认为幸福不仅仅是快乐的获得，更是个体对于完美的努力追求以表现出个人的潜能。[3] 因而，我们可以看出幸福的两种模型之间存在着较大的冲突与分歧。虽然主观幸福感和心理幸福感表现出诸多的差异，但这两个研究模型并非对立的两面，近年来，越来越多的学者呼吁两者之间进行沟通、对话和整合，从而更系统地拓展幸福感的研究。

另外，近几年，一些台湾学者在研究教师幸福感的时候，提出人的幸福感除了主观幸福感受外，还应该包括幸福表现。幸福表现是指个人外在具体影响幸福感受的重要因素，如人际、学业成就等因素。

---

[1] Halim SARICAOĞLU, Coşkun ARSLAN. An investigation into psychological well-being levels of higher education students with respect to personality traits and self-compassion .Educational Sciences: Theory & Practice，2013，13(4)：2097-2104.

[2] 李志，谢朝晖：《国内主观幸福感研究文献述评》，载《重庆大学学报（社会科学版）》，2006（4）。

[3] 宛燕，郑雪，余欣欣：《SWB和PWB：两种幸福感取向的整合研究》，载《心理与行为研究》，2010（3）。

陈钰萍在2004年编制了一份《教师幸福表现量表》，包括我和家人在一起很愉快、我的工作带给我成就感、我和朋友相处愉快等测题。[1]

二、幸福的测评

对幸福作出较为系统的度量，可以从18世纪末的英国功利主义学者边沁谈起，他从快乐论的哲学观出发，认为人的幸福是可以计算的，并提出了评价的七条标准：强度、持续性、确实程度、远近程度、继生性、纯粹性、范围。根据这七个要素，人们可以计算出最高的快乐，追求最大的幸福。[2] 而后，边沁指出，除了追求最大幸福外，还应该考虑受益人数的多少，即追求最大多数人的最大幸福。边沁的思想纵然在那个时代无法得以科学地实践，但是他的理论引起了人们对幸福测评的研究兴趣，对后来的幸福测评研究具有重要的参考价值。

英国另一位功利主义学者西季威克对幸福的度量问题进行了较为深刻的反思。他认为，幸福度量方法建立在主观和客观的快乐主义假设之上，然而，这两种度量方法都是不可靠的。[3] 一方面，从幸福测量的主观性角度，个体的主观幸福体验是个体瞬时的、不稳定的感受，这种感受会随着时间的变化而发生变化，如今天和明天的幸福感受可能是完全不同的；另一方面，从幸福测量的客观性角度，如前面所讨论的，金钱、地位、健康、知识等各种可能的客观存在均会影响个体的幸福，但是对于不同的个体，影响其幸福的因素又是不同的，对有些个体，有钱是幸福，对另外的人，有闲才是幸福，因此，很难通过

---

[1] 陈钰萍：《国小教师的幸福感及其相关因素之研究》，（台湾）屏东师范学院2004届硕士学位论文。

[2] 丁心镜：《幸福学概论》，郑州大学出版社，2010。

[3] 丁心镜：《幸福学概论》，郑州大学出版社，2010。

客观因素衡量个体的幸福感。

第二次世界大战之后，世界关注的焦点从战争转移到经济建设，注重提升人们的生活质量。除了物质外，也开始关注人们的精神发展。在心理学领域，心理学家在近些年更关注人们的积极面，而不是存在的问题，这也是积极心理学兴起和发展的表现。在个体的所有积极心理品质中，幸福感成了最受关注的内容之一。此外，心理学家也从哲学家关于幸福概念的争论中"逃脱"出来，把幸福研究的重点转移到幸福的测量与评价，不同的学者依据各自对幸福概念的理解，从不同的视角提出幸福感测评的方法。

由于快乐论和自我实现论两种不同的哲学传统发展成主观幸福感和心理幸福感，两者概念模型的相异发展出两种不同的测评模式。本文分别对主观幸福感和心理幸福感的测评进行介绍。

（一）主观幸福感的测评

对于主观幸福感的测评，幸福感指数、生活满意度、正性情感、负性情感，是经典的并且相对稳定的指标体系。生活满意度是对生活质量的整体评估，即认知评价；积极情感，包括愉快、高兴、兴奋、精神饱满等情感体验；消极情感，包括忧虑、抑郁、悲伤、孤独、厌烦、难受等情感体验，但不包括重性情感障碍和神经症。[1] 测评指标除了上述生活满意度、正性情感、负性情感外，再结合台湾学者提出的幸福表现指标，主要包括四个方面的指标，依据四个指标，相应的测评量表如下：[2] [3]

———————————

[1] 陈姝娟，周爱保：《主观幸福感研究综述》，载《心理与行为研究》，2003（1）。

[2] 丁新华，王极盛：《青少年主观幸福感研究述评》，载《心理科学进展》，2004（12）。

[3] 王淑燕：《主观幸福感测评研究进展》，载《社会心理科学》，2004（5）。

1．有关总体幸福感的测评量表

总体幸福感是个体对幸福的一种整体和综合感受。测量总体幸福感的量表较多，有些仅包含一道测题，有些包含较多道测题，以自陈量表为主。单道测题的量表虽然十分简洁，在实践过程中操作简单方便，但很多时候被认为稳定性不够，施测的结果不可避免地存在较多误差；多道测题的量表通过平均分或加权分的计算来代表个体的总体幸福感，可以有效避免来自测题的误差，在信度和效度上更有保障。常用的测量总体幸福感的测评量表包括：

阶梯量表[1]。此量表由坎特里尔（Cantril，1967）编制，量表由单道题目的示意图构成，共包括10个阶梯，每个阶梯内有一个数字。梯子的最上部和最下部分别用最好的／最坏的定义，请被试根据自己的生活真实状况，评价自己在梯子中的位置。

山高量表[2]。是阶梯量表的变式，同样由Cantril编制，用于使用梯子较少的国家。与阶梯量表的区别在于用一条线画出的一座山代替阶梯，从山脚到山顶是第0台阶到第11台阶。测量程序与阶梯量表一致。

人面量表[3]。由安德鲁斯和维西（Andrews & Withey，1976）编制，量表由七幅人脸表情图构成，这七幅人脸表情图分别代表了个体从非常难过到非常高兴的表情。请个体选择这七幅表情中，哪幅与个体现实生活中的总体感受最接近。

幸福感指数量表、总体情感量表（Index of Well-Being，Index

---

[1] 汪向东，王希林，马弘：《心理卫生评定量表手册（增订版）》，72页，北京：中国心理卫生杂志社，1999。

[2] 汪向东，王希林，马弘：《心理卫生评定量表手册（增订版）》，73页，北京：中国心理卫生杂志社，1999。

[3] 汪向东，王希林，马弘：《心理卫生评定量表手册（增订版）》，73页，北京：中国心理卫生杂志社，1999。

of General Affect)[1]。由坎贝尔（Campbell）（1976）编制,包括总体情感指数和生活满意度两个问卷，前者由8个情感项目组成，后者则由一个满意度项目组成，前8题得分平均分，加上最后一题1.1加权分，即为个体总体幸福感指数得分。总体生活满意度与生活满意度的相关值为0.55。该量表操作和使用程序较为简单，目前在中国国内被广泛使用，用于测量被试的总体幸福感水平。

总体幸福感量表(General Well-Being Schedule, GWB)[2]。该量表由法齐奥（Fazio）（1977）编制，编制之初是为美国国立卫生统计中心制订的一种定式型测查工具，用于评价被试对幸福的陈述。量表包括33项，得分越高，幸福度越高。除了评定总体幸福感外，量表还对精力、对健康的担心、对生活的满足和兴趣、忧郁或愉快的心境、对情感和行为的控制、焦虑六个因子进行了评分。

儿童主观生活质量问卷[3]。该问卷由国内学者程灶火编制。问卷由两个因子构成，分别为认知因子和情感因子。认知因子包括家庭生活、同伴关系、学校生活、生活环境、自我认知五个维度，情感因子包括抑郁体验、焦虑体验、躯体感情三个维度。该问卷实质上是对儿童主观幸福感的测量，且具有较好的信度和效度。但是主观幸福感的一个重要结构是积极情感，该问卷没有涉及，而是更多关注抑郁体验等消极情感，因此对于儿童主观幸福感的测量存在一定

［1］汪向东、王希林、马弘：《心理卫生评定量表手册（增订版）》，82页，北京：中国心理卫生杂志社，1999。
［2］汪向东、王希林、马弘：《心理卫生评定量表手册（增订版）》，83-84页，北京：中国心理卫生杂志社，1999。
［3］丁新华、王极盛：《青少年主观幸福感研究述评》，载《心理科学进展》，2004（12）。

的缺陷。

2. 有关生活满意度的测评量表

与总体幸福感的测评一样，生活满意度的测量也包括单一项目量表和多项目的量表。

生活满意度量表(Satisfaction With Life Scale，SWLS)。该量表由迪纳(1985)编制，包括五个项目，量表为自陈量表，采用七点计分。通过个体比较其目前的生活状况和他们自我期望的差距，来测量个体对生活的总体认知与判断[1]。该量表总体操作较简单，信度和效度也较好，计分方法是以五题的平均分为被试的生活满意度得分。量表应用十分广泛，适用于不同年龄阶段的群体，一些青少年主观幸福感的研究中开始使用此量表测量青少年的生活满意度。

生活满意度量表(Life Satisfaction Scales)[2]，由纽加顿(Neugarten)、哈维格斯特(Havighurst)、托宾(Tobin)于1981年编制。此量表包括三个独立的分量表：生活满意度评定量表、生活满意度指数A、生活满意度指数B，第一个分量表是他评量表，后两个分量表是自评量表。这份量表既包括自评，又包括他评，使用过程比较复杂，且包含较多的反向计分题，因此在国内的研究中，较少发现有使用该量表的。

感知生活满意度量表(Perceived Life Satisfaction Scale，PLSS)[3]。该量表由阿德尔曼（Adelmand）编制，包括19个项目，测量学生对其

---

[1] William Pavot, Ed Diener. Review of the Satisfaction with Life Scale. *Psychological Assessment*, 1993, （5）:164.

[2] 汪向东，王希林，马弘：《心理卫生评定量表手册（增订版）》，75页，北京：中国心理卫生杂志社，1999。

[3] 汪向东，王希林，马弘：《心理卫生评定量表手册（增订版）》，75页，北京：中国心理卫生杂志社，1999。

物质生活条件、身体、与朋友和家人的关系、家庭和学校环境、个人发展、娱乐活动等方面的满意度。

学生满意度量表（Student's Life Satisfaction Scale, SLSS）[1]，由休伯纳（Huebner）编制，该量表专门针对儿童青少年编制，共包括7个项目。量表采用7点计分，要求学生对其整体生活满意程度作出评价。

多维度学生满意度量表(Multidimensional Student's Life Satisfaction Scale, MSLSS)[2]，由休伯纳编制，共包括40个项目，主要测查中小学生对自己的家庭、学校、朋友、自我、生活环境的生活满意度水平，信度效度指标一直得以不断的验证和积累。该量表是目前青少年满意度研究领域中相对比较成熟的一个，但目前还没有常模资料。

3. 有关积极情感和消极情感的测评量表

情感量表：正性情感、负性情感、情感平衡（Affect Scales：Positive Affect, Negative Affect, Affect Balance）[3]。该量表由布拉德伯恩（Bradburn, 1969）编制，用于测量一般人群的心理满意程度。量表包括10道题项，1、3、5、7、9题是正性情感题项，2、4、6、8、10是负性情感题项，所有题项均是关于被试"过去几周"感受的描述。量表采用类别计分方法，选项有"是"和"否"两种，对正性情感项目回答"是"记1分，对负性情感项目回答"是"也记1分。情感平衡的计算方法是以正性情感分减负性情感分，再加一个系数5，因此其得

---

[1] 汪向东，王希林，马弘，《心理卫生评定量表手册（增订版）》，75页，北京：中国心理卫生杂志社，1999。

[2] 汪向东，王希林，马弘，《心理卫生评定量表手册（增订版）》，75页，北京：中国心理卫生杂志社，1999。

[3] 汪向东，王希林，马弘，《心理卫生评定量表手册（增订版）》，79页，北京：中国心理卫生杂志社，1999。

分为1至9。量表的重测信度为0.76。从应用角度，情感平衡量表的得分与性别和年龄无关。

积极和消极情感量表（Positive Affect and Negative Affect Schedule，PANAS）[1]。该量表由沃森（Watson）等编制，共包含20道题项，积极情感和消极情感各有10道题项，量表的信度和效度被证明较好，应用也较广泛。

4. BBC主观幸福感量表

BBC主观幸福感量表(BBC Subjective Well-being scale，BBC-SWB)主要用于测量人们在幸福概念范围内较广领域的主观经验。波尔丁（Portin）等采用验证性因素分析方法，以23341名学生为被试，验证了BBC主观幸福感的三因素结构，三个因素分别为：心理幸福、身体健康与幸福、关系。问卷共包括24个测题，测题采用5点计分，从1—5分别代表"从来没有"到"经常有"，其中，23个测题为正向计分题，1个测题为反向计分题。"身体健康与幸福"因子的测题如："你的身体健康让你开心吗？""你的睡眠质量让你开心吗？"；"心理幸福"因子的测题包括："你觉得自己有生活目标吗？""你对未来乐观吗？""关系"因子的测题包括："你的私人和家庭生活让你开心吗？""你的朋友和人际生活让你开心吗？"[2]

BBC主观幸福感量表的编制者把幸福看成是一个综合的、多维度的概念，因此在较广的范围测量了个体的主观幸福感受。这份量表的修

---

[1] 丁新华，王极盛：《青少年主观幸福感研究述评》，载《心理科学进展》，2004，（12），59-66页。

[2] Eleanor Pontin, Matthias Schwannauer, Sara Tai, & Peter Kinderman. A UK validation of a general measure of subjective well-being: the modified BBC subjective well-being scale (BBC-SWB). *Health and Quality of Life Outcomes*, 2013, 11:150.

订也向我们传递了这样一个信息，主观幸福感与心理幸福感没有绝对固定的边界。很多情况下，主观幸福感测量的内容包括了心理幸福感的内容，而心理幸福感很多时候测的也是个体的一种主观感受。

（二）心理幸福感的测评

芮芙（Ryff）等研究者认为幸福主要指心理幸福感，他们对心理幸福感的结构进行了研究，提出幸福包括六个因子结构，并对六个结构的概念、每个结构高分者和低分者的表现都进行了详细的阐述，之后，在六因子结构的基础上发展了心理幸福感的测评量表。这六个因子的概念及高低分者的表现是 [1]：

自我接受(self-acceptance)：是心理健康中最核心的特点之一，也是个体成熟、自我实现和积极功能的重要特点。它指个体对自我的态度，对当前自我和过去生活的一种接受程度。高分者拥有积极的自我态度，承认和接受自我的多个方面，能够"悦纳"自己，既能够接受自己的优点，同时也能够坦然接受自己的缺点，对过去的生活同样持有积极的态度。低分者对自我不满意，对过去的生活同样不满意，担心某些个人特质不被人接受，希望自己能够有与众不同的表现。

积极的人际关系(positive relations with others)：简单理解是爱的能力，指的是与他人的积极和健康的关系，如温暖和信任的人际关系。高分者拥有温暖的、满意的和信任的人际关系，关心他人的幸福，有很强的同情心、情感和亲密性。低分者没有与他人建立亲密和可信任的关系，很难对他人热情、开放，很难关心他人，在人际互动中孤立和受挫，不愿意在与他人维持重要关系上做出让步，与他人交往存在

[1] Ryff, C. D. (1989). Happiness is everything, or is it? Explorations on the meaning of psychological wellbeing. *Journal of Personality and Social Psychology*, 57, 1069–1081.

一定障碍。

自主(autonomy)：指自我决定、独立，依据内心规范行为。高分者自我决定和独立，能够通过某种方式抵制社会压力，从内在调节行为，依据自己的标准进行自我评价，不容易受外界的影响。低分者关注他人的期待和评价，依据他人的评价做出重要决定，思考和行动遵从社会压力，容易受外界的影响。

环境驾驭(environmental mastery)：选择和创造适合自己的环境的能力。高分者有驾驭和控制环境的意识，能控制外部环境，抓住外部环境中的机会，能够选择和创造适合个人需要和价值的外部环境。低分者管理日常事务困难，感到没有能力改变和改善周围环境，意识不到环境中的机会，缺乏控制外部世界的意识。

生活目标(purpose in life)：指给予生活目标和意义的能力。高分者有生活目标和管理意识，觉得现在和以前的生活是有意义的。低分者缺乏生活的意义，没有太多目标，缺乏管理意识，看不到过去生活的意义，没有赋予生命意义的意识。

个人成长(personal growth)：指个体持续发展自己的潜能，不断成长。高分者有持续发展的想法，把自己看成是成长和发展的，能认识和发现自己的潜能，看到自己的进步，自己的变化能够反映出自我认知和效用。低分者有个人停滞的意识，缺乏随着时间发展和变化的意识，对生活厌烦和没有兴趣，很难发展新的行为和态度。

芮芙等依据提出的心理幸福感六因子的理论结构，发展了心理幸福感的测评量表。其中使用较广泛的是《心理幸福感测评简表》(Ryff's Short Measurement of Psychological Well-Being)。《简表》包括18个测题，每3个测题测量一个因子。自主因子的测题包括"我对自己的

观点自信，即使它们与一般的舆论相违背"，环境驾驭因子的测题包括
"我能够很好的管理我每天日常生活中的责任"，自我接受因子的测题
包括"我喜欢我自己大部分的特质"，生活目标因子的测题包括"有些
人为生活的无目标感到彷徨，但我不是他们中的一员"，个人成长因子
的测题包括"对我来说，生活是一个持续学习和成长的过程"，积极的
人际关系因子的测题包括"人们愿意把我描述成愿意付出的人，愿意
与他人分享自己的时间"。心理幸福感的总分是这18个测题分数连加
的总分。[1]

除了18个测题的《简表》外，Ryff还发展了包括84个测题（每
14个测题测量一个因子）和54个测题（每9个测题测量一个因子）的
心理幸福感测评量表。三份量表采用六点计分量表，代表从非常不同
意到非常同意。[2]

芮芙依据发展的心理幸福感测评量表，调查了不同年龄阶段的人
在心理幸福感六因子上的差异，发现心理幸福感的某些因子随着年龄
变化而变化，有些因子则不受影响。她区分了年轻人（18-29岁）、青
年人（30-64岁）和老年人（65岁以上）三类人群。具体来看，环境
驾驭和自主因子得分随着年龄增加而增加，生活目标和个人成长因子
随着年龄增加而减少，自我接受和积极的人际关系因子得分不随年龄
变化而发生变化。[3]

---

[1] Danilo Garcia, Saleh Moradi. The Affective Temperaments and Well-Being: Swedish and Iranian Adolescents' Life Satisfaction and Psychological Well-Being. *J Happiness Stud*, 2013, 14:689–707.

[2] 刑占军，黄立清：《Ryf心理幸福感量表在我国城市居民中的试用研究》，载《健康心理学杂志》，2004（3）。

[3] 刑占军，黄立清：《Ryf心理幸福感量表在我国城市居民中的试用研究》，载《健康心理学杂志》，2004（3）。

之后，心理幸福感的测评基本按照Ryff等提出的六因子理论结构
及其发展的测评量表，不同的研究者依据所研究对象的特点，对量表
做了一些跨文化的修订。

随着幸福感测评研究的发展，系统化和整合化的测评已成为幸福
感研究的重要趋向，因此，主观幸福感和心理幸福感的测评模式也进
一步得到融合和推动。与此同时，国内学者对幸福研究的日益关注，
也使得幸福的测评结合我国的国情而日趋本土化，许多中国学者修订
了国外学者的幸福感测评量表，把这些量表用于中国不同人群的幸福
感测量。目前国内较为流行的是主观幸福感研究模式，强调幸福感源
于人对生活的一种主观判断。但这种主观幸福感研究的流行，部分源
于对主观幸福感的研究早于心理幸福感的研究。我们有理由相信，国
内幸福感研究也将朝着整合的方向发展。

第二节 幸福的影响因素

一、经济因素与幸福

随着人们生活水平的提高、财富的大量积累，我们原来的很多梦
想变成了现实，甚至现实远远超出了我们的梦想。然而财富的积聚会
增加我们的幸福感吗？这两者之间的关系一直是学者们研究的焦点。

大量的研究表明，一个国家的国内生产总值与人们的主观幸福
感具有较高的相关性，那些生活于富足国家的人们比起生活在贫穷国
家的人们更幸福。[1] 奥瓦内尔和维恩霍文（Ouweneel &Veenhoven,

---

[1]〔瑞士〕布伦诺·S.弗雷、阿洛伊斯·斯塔特勒著，静也译：《幸福与经济学——经济和制度对人类福祉的影响》，84页，北京大学出版社，2006。

1991）报告收入与主观幸福感的相关系数为0.62，另外，根据世界价值调查（Word Values Survey）1995-1997年的调查，对41个国家和地区的国民幸福感的研究发现，一个生产总值较高的国家（如美国、澳大利亚、西欧国家）对国民生活满意度有积极的影响。[1] 迪纳等回顾了一些相关的研究报告，见表2.1，这些数据证实了国家的财富和人们的幸福水平是显著相关的。物质财富直接满足了食物、居住、健康等基本的人类需求，同时充裕的物质也间接地充实了人类的精神追求，进而增强人类的幸福感。在一定程度上，主观幸福感随着收入的增加而增强。

表2-1 　　国民收入与主观幸福感的相关 [2]

(Corrlations across nations of income and mean subjective well-being)

参考文献	国家数	相关程度/相关系数
Veenhoven(1991)（1965 Cantril 的样本）	14	0.51
（Based on Gallup sample ）	9	0.59
（基于Gallup 的样本）		
Diener等（1995）	55	0.59
Inkeles，Diamond（1980）	10	0.55-0.61
（1965 Cantril 的样本，调查对象的受教育程		
度作为控制变量）		
Ouweneel，Veenhoven（1991）	28	0.62
Diener，Diener（1995a）	34	0.64
Schyns（1998a）	40	0.64
Diener，Oishi（2000）	42	0.69
Inglehart，Klingemann（2000）	64	0.70

---

[1] Max Haller, Markus Hadler.How Social Relations and Structures can Produce Happiness and Unhappiness: An International Comparative Analysis. *Social Indicators Research*, 2006,（75）:197.

[2] Ed Diener, Robert Biswas Diener. Will money increase subjective well-being? *Social Indicators Research*, 2002(57):138.

　　然而，也有诸多的学者发现，许多富裕国家国民财富的增长并没有带来幸福感的提升，经济与幸福的关系并不是简单的线性关系。维恩霍文（Veenhoven）于1991年的研究中指出，当收入超过一定的水平，更多的金钱并不一定必然使人们的幸福感更强。[1]同时迪纳整理了各国、城市的收入与主观幸福感的相关性，如表2-2所示，收入的差异与幸福的各种表现形式仅有微弱的正相关。然而，在较为贫穷的地区，如印度加尔各答，收入对幸福感有较大的影响，相关系数为0.45。至于出现该现象的原因，维恩霍文解释为，对贫困地区的人民而言，收入的提高是满足人类的基本物质需求，一旦人们的经济条件不必为生活必需品所困扰时，高收入会导致人们倾向于购买奢侈品，而这并不能有效提高人们的幸福感，[2]拥有更多的金钱并不意味着人们的幸福感必然会增强。

表2-2　　各国、城市的收入与主观幸福感的相关性[3]
(Correlations within nations and cities between income and subjective well-being)

参考文献	调查地区	相关性	相关概念
Diener,Oishi(2000)	19个国家	0.13（平均相关系数）	
Schyns（1997）	西德	0.06-0.15	生活满意度
	俄罗斯联邦	0.17-0.27	生活满意度
Lachman,Weaver(1998)	美国	0.18, 0.18	生活满意度
Blanchflower等 (1993)	美国	0.15	男性，幸福感
		0.14	女性，幸福感
Hagerty（2000）	美国	0.18	幸福感

　　[1] Ed Diener, Ed Sandvik, Larry Seidlitz & Marissa Diener. The Relationship between Income and Subjective Well-being Relative or Absolute? *Social Indicators Research*, 1993,（28）:198.

　　[2] Ed Diener, Shigehiro Oishi, Richard E.Lucas.Personality, Culture, and Subjective Well-being: Emotional and Cognitive Evalutions of Life. *Annual Review of Psychology*. 2003,（54）:411.

　　[3] Ed Diener, Robert Biswas-Diener.Will Money Increase Subjective Well-being? *Social Indicators Research*. 2002,（57）:123.

（续表）

参考文献	调查地区	相关性	相关概念
Diener 等（1993）	美国	0.13（1973，近似值）	情感平衡
		0.12（1983，近似值）	情感平衡
Mullis（1992）	美国男性	0.17	生活和其它领域满意度
Keith（1985）	英国离异或独身老年人	0.23	男性和女性
		0.21	生活水平满意度
Conner 等（1985）	美国爱荷华州的退休教授	0.24	生活满意度
Brinkerhoff 等（1997）	印度村民	0.22	幸福感
		0.35	合计的满意度
Diener（2000）	印度加尔各答的贫困地区	0.45	生活满意度

　　伊斯特林（Easterlin）也对个体收入与幸福的关系进行了探索。他从个体整个人生过程中幸福感与收入的变化趋势来探索两者之间的关系。他认为，总体来看，高收入者的幸福感要高于低收入者，但对个体来说，收入的提高并不必然会带来幸福感的增加。物质追求对不同收入群体来说最初是一致的，随后更多的收入带来更大的幸福。然而，在整个生命周期内，物质追求随着收入提高而提高，从而减弱了收入提高给幸福感带来的积极赞许效应。人们认为自己过去不幸福，但将来会幸福，因为他们当前的追求规划同一生的追求一致，幸福会随着收入的增长而增长。然而，虽然追求与收入同时增长，但是个体感受到的幸福却不是规划中的幸福，即幸福并不必然会随着收入的增长而增长。认为将来的自己会比过去的自己幸福只是人们的一种判断错误，人们的幸福感并不会随着收入的提高而提高。[1]

---

　　［1］Richard A. Easterlin.Income and Happiness: Towards a Unified Theory. *The Economic Journal*, 2001, 111（473）:465–484.

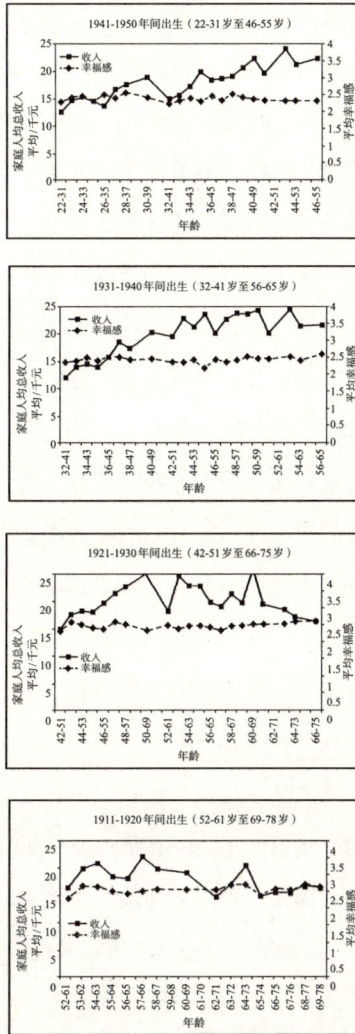

图2-1　整个人生过程中收入与幸福的关系趋势[1]

(happiness and income over the life cycle)

---

[1] Easterlin R.A.. Income and Happiness: Towards a Unified Theory. *The Economic Journal*, 2001, 111(473): 465–484.

伊斯特林的研究能够较好地解释个体的幸福感为什么没有随着收入的提高而增加。原因很简单，因为人们的收入提高了，追求也会随之提高，幸福感的阈限自然也就提高了。人类最初的追求都是一致的，但是随着收入的增加，有些人的追求水平发生了变化，只有实现更高的追求才能感到满足，所以幸福感并不会增加。人们总认为将来只要收入增加了，就会更幸福，这是一种错误认知。生活中这样的例子非常多，当还是穷学生的时候，人们会因为学校周边的一次短期旅行而感到幸福，而此时的人们会觉得将来等自己有高的收入后，如果能够去别的城市旅游，那会更幸福；但事实是，等以后人们收入真的增加了，能去其他城市旅游了，又会想着等我以后收入再增加后，能出国旅游就会更幸福。将来的将来，不管我们的收入增加多少，我们还会有更大的追求，而我们的幸福感还是停留在原点。按照伊斯特林的这一研究，人们要获得更强烈的幸福感，似乎首先应该调整自己的追求水平。

也就是说，财富是实现幸福的重要条件，是至关重要的，但并不意味着有了财富就获得了幸福。其次，经济与幸福之间存在着复杂的关系。总的来说，经济与幸福是相辅相成的，在贫穷的国家，收入的增加会提高人们的幸福感水平，而在那些富裕的国家，收入对幸福很少或几乎没有效益。因此，不能单纯地将物质的满足与幸福等同，对人类的幸福感而言，精神的富足也是不可或缺的。

二、文化因素与幸福

日常语言中，人们从许多不同的方面使用文化一词，心理学家对文化的界定也作了较多的探讨，莫衷一是，但都默许文化的本质是指在一个限定的人群内能将个体分散的行为规范和认知结合起来的并区别于其他群体的集合体。[1] 不同文化中的人们珍视的生活也随之不同，因而对幸福的概念产生了差异，评判生活满意度的标准也不尽相同。[2] 目前，许多研究收集数据都是基于国家和地区的划分，而不是文化的分类。[3] 尽管这种研究取样分类并不是最科学的，但是不可否认这种方法最为便捷。

关于文化因素与幸福感的关系，很大一部分学者是从各个国家的经济发展水平与幸福感的比较研究着手，如冈山奇（Okazaki，2000）、大石（Oishi，2001）、阿胡维亚（Ahuvia，2002）、迪纳（2003）等，认为经济是影响文化的重要前提，经济因素与幸福的关系在前一部分已进行探讨，在此不再赘述。

个人主义与集体主义是学者们运用最多的区别文化差异的维度。[4] 个人主义文化认为人首先是独立的，其次才是社会的，人应该避免受到外界和他人的影响。个人主义文化往往倾向于区分个人与他人。而集体主义文化与之相反，个体是不能与社会分开的，强调与他人保持和谐一致，个体能从中感受到自我的价值，承担义务使个体感到生命存在的意义。从这两种文化模式与幸福感的比较而言，研究者证明，一般来说，生活在个人主义文化中的人比在集体主义文化中生活的人更幸福。[5] 对于这种现象，阿胡维亚认为，个人主义文化中，人们受

［1］陈红：《人格与文化》，26页，合肥：安徽教育出版社，2009。

［2］David Dorn, Justina A.V.Fischer, Gebhard Kirchgassner & Alfonso Sousa-Poza.Is It Culture or Democracy? The Impact of Democracy, Income, and Culture on Happiness. *Annual Meeting of the Public Choice Society*, 2005.2.

［3］Ed Diener, Shigehiro Oishi, Richard E.Lucas. Personality, Culture, and Subjective Well-Being: Emotional and Cognitive Evalutions of Life. *Annual Review of Psychology*. 2003,（54）:410.

［4］陈红：《人格与文化》，22页，合肥：安徽教育出版社，2009。

［5］Aaron C.Ahuvia.Individualism/Collectivism and Cultures of Happiness: A Theoretical Conjecture on the Relationship between Consumption, Culture and Subjective Well-Being at the National Level. *Journal of Happiness Studies*, 2002,（3）: 27.

到的社会约束小，他们选择职业、配偶以及生活方式的自由程度高，较为符合个人内心的追求，因此，幸福指数更高。[1] 对于集体文化中的人们，卡瑟（Kasser）指出，他们进行选择时，需要考虑周边的社会压力，可能导致最后的决定与内心相矛盾，因而影响幸福感水平。[2]

然而迪纳（1996）的研究显示，个人主义文化中人们的主观幸福感水平较高，但同时也有着较高水平的自杀率和离婚率。[3] 这种矛盾的现象，迪纳解释为在集体主义国家中，由于扩大家庭所提供的良好社会支持。[4] 文化规范约束了个人的行为自由，人们可能维持低质量的婚姻。

个人主义与集体主义是文化分类的一种。霍夫斯泰德（Hofstede）运用定性研究和定量研究相结合的方法，将一个国家的文化层面分解为以下五个维度：个体主义—集体主义、权利距离、不确定性规避、男性气质—女性气质和长期取向。个体主义—集体主义是我们相对较熟悉的维度，权利距离指一个社会中的成员与权利获得的距离远近，不确定性规避指一个社会对不确定的容忍程度，男性气质—女性气质指一个社会男性气质或女性气质占主导性的程度，而长期取向指一个社会中的成员对未来所持有的期望程度。[5] 霍夫斯泰德对文化维度的划分虽然不可避免地存在一定的问题，但是作为文化的一种基本分类，

[1] Aaron C.Ahuvia. Individualism/Collectivism and Cultures of Happiness: A Theoretical Conjecture on the Relationship between Consumption, Culture and Subjective Well-Being at the National Level. *Journal of Happiness Studies*, 2002, (3): 30.

[2] Aaron C.Ahuvia. Individualism/Collectivism and Cultures of Happiness: A Theoretical Conjecture on the Relationship between Consumption, Culture and Subjective Well-Being at the National Level. *Journal of Happiness Studies*, 2002, (3): 29.

[3] Ed Diener, Shigehiro Oishi, Richard E.Lucas.Personality, Culture, and Subjective Well-Being: Emotional and Cognitive Evalutions of Life. *Annual Review of Psychology*. 2003, (54): 412.

[4] 苗元江:《心理视野中的幸福》, 52页, 天津人民出版社, 2009。

[5] 王蕙:《Hofstede的文化维度理论的局限性》, 载《西安工业大学学报》, 2013 (1)。

其提出的文化维度分类相对较全面。在未来的幸福感研究中，其他几个维度对幸福感的影响值得研究者进一步探索。

总的来说，个人主义——集体主义开展的研究最为广泛。然而，两种文化各有利弊，关于文化因素与幸福感，未来的研究趋向是对两种文化模式进行综合和调适，扬长避短，促进人类幸福感更好地发展。

三、人格因素与幸福

早期的主观幸福感研究主要集中于确定可以带来满意生活的外在条件。威尔逊（Wilson）（1967）列出了与主观幸福感相关的人口学变量，几十年的研究之后，心理学家们发现外部条件如健康、收入、教育背景、婚姻状况等在幸福感测量中变异较小。[1] 然而研究显示，主观幸福感在不同的时间表现出一种稳定性，并且，它与稳定的人格特质有高度的关联。因此，许多研究者转而研究人格与主观幸福感的关系。

许多的人格特质已被证明与主观幸福感有关，尤其是外倾性、神经质与主观幸福感的关系得到了广泛的肯定（Eysenck，1990；Argyle & Lu，1990；Fernham & Brewin，1990；Headey & Wearing，1991；Myers & Diener，1995；Brebner等，1995；Francis等，1998；Furnham & Cheng，1997；2000）。[2] 弗恩海姆和布鲁因（Furnham & Brewin，1990）在研究报告中指出，外倾性与幸福感正相关，神经质与幸福感呈负相关。[3] 郑和弗恩海姆（Cheng & Furnham，1999）对英国、中国香港、日本进行调查后发现，外倾性与幸福的相关为0.50，

[1] Ed Diener, Shigehiro Oishi, Richard E.Lucas.Personality, Culture, and Subjective Well-Being: Emotional and Cognitive Evalutions of Life. *Annual Review of Psychology*. 2003,（54）：406.

[2] Helen Cheng, Adrian Furnham. Personality, Peer Relations, and Self-Confidence as Predictors of Happiness and Loneliness. *Journal of Adolescene*, 2002,（25）：329.

[3] Adrian Furnham, Helen Cheng.Personality as Predictor of Mental Health and Happiness in the East and West. *Personality and Individual Differences*, 1999,（27）：395.

神经质与心理健康的相关为 0.65。[1] 卢卡斯和藤田（Lucas & Fujita，2000）研究表明外倾与愉快的相关为 0.38，而且，当运用符合的、种类不同的测量方法来研究外倾和愉快之间的关系时，相关经常达到0.80。[2] 众多的研究结果一致表明，外倾和神经质提供了人格与幸福感之间的主要联系。

早期的人格与幸福感研究大多以艾森克的大三人格理论为基础，心理学家认为集中于外倾和神经质过于简单地概括了人格与主观幸福感之间的复杂联系。因此，研究者开始拓展关系测量维度，大五人格与 SWB 的关系也随之得到了重视。大五人格以人格的五因素为理论前提，包括外倾性、神经质、开放性、宜人性、严谨性。迪维和库珀（DeNeve & Cooper，1998）根据大五人格的五个不同特质与幸福感的关系作出分析，发现外倾性与幸福感的关系为 0.17，宜人性 0.17，严谨性 0.21，神经质 -0.22，开放性 0.11。[3] 可以看出，外倾性、神经质与幸福感的关系并没有艾森克大三人格表现得明显，可能是因为大五人格涵盖的范围更为广泛，因而影响了各个人格特质与幸福感的相关性。

幸福感与人格特质的研究，在人格特质的测量上主要运用艾森克和大五人格量表，两者间的关系得到大量实证研究结果的证明。人格是一个相对较复杂的概念，包括较广阔的外延，现在越来越多的研究者试图从人格的各个层面具体探索人格特质对幸福的影响，如个体的自尊。这些相关研究将为提升人类的幸福感提供更多可能的方向。

经济、文化与人格这三者之间有着不可分割的联系，环环相扣，

----

[1] Adrian Furnham, Helen Cheng.Personality as Predictor of Mental Health and Happiness in the East and West. *Personality and Individual Differences*, 1999,（27）: 400.

[2] 杨秀君，孔克勤：《主观幸福感与人格关系的研究》，载《心理科学》，2003（26）。

[3] Piers Steel, Joseph Schmidt, Jonas Shultz. Refining the Relationship Between Personality and Subjective Well-Being. *Psychological Bulletin*, 2008,（134）: 138.

因此从系统的层面把握三者与幸福感的关系，对于理解幸福和实现幸福有着不可估量的意义。

四、幸福的其他影响因素

影响个体幸福感的因素非常复杂，不是经济、文化和人格三个因素能够完全解释的，幸福感影响机制的复杂性超出我们的想象。

（一）健康与幸福

健康与幸福都是人类永恒追求的主题，健康对幸福有着至关重要的影响作用。哲学家叔本华就认为幸福的第一要素是健康，他说，一个健康的乞丐比一个生病的国王幸福。[1]

个体的健康包括身体健康与心理健康两部分。对个体的幸福感来说，身体健康的影响作用更显著，还是心理健康或者精神健康的影响作用更显著，学者们曾对此进行过探索。

帕纳格（Perneger, 2004）等曾研究过青少年健康与幸福感的关系。他们以1257名大学生为被试，通过一道题目测量被试过去几个月的幸福感受，同时通过一份12道测题的简短问卷测量被试的健康水平。健康水平的测量包括自尊（self-esteem）、压力（stress）、社会支持（social support）、各种生活问题（reports of various life problems）和社会人口学信息（socio-demographic information）。最后结果表明，被试在过去的几个月大部分时候感觉到自己是幸福的，身体健康与幸福感没有显著关系，心理健康与幸福感有非常显著的关系。[2]

---

［1］《如何用数字表达幸福》，http://view.news.qq.com/a/20060919/000085.htm.

［2］Thomas V. Perneger, Patricia M. Hudelson, Patrick A. Bovier. Health and Happiness in Young Swiss Adults. *Quality of Life Research*, 2004,（13）: 171–178.

事实上，国内外关于健康与幸福关系的研究非常多，研究结论也较相似，即心理或者精神健康对个体的幸福感有显著影响。笔者认为，个体心理或精神健康所包含的内容非常多，如压力、焦虑、抑郁、自尊、自我概念，对个体幸福感起核心作用的应该是个体的认知。认知主义心理学有这样一个观点，个体生活的客观世界人们是无法改变的，人们能够改变的只有自己的主观世界。这里的主观世界实际上指的就是人们的认知。我们怎样看这个世界，这个世界就是怎样的。同样的，我们怎样看这个世界，我们感受到的幸福就是怎样的。很多时候形成的一些消极认知，如以偏概全、任意推断等，会对个体的幸福感产生负面影响。个体生活在积极认知中，如信任、宽容、友善、责任，会产生更强烈的幸福感，其心理健康水平也会更高。

（二）信仰与幸福

斯塔克（Starke，2008）认为，过去30年，有关幸福感的影响因素基本上已经被全面讨论，很少有可以补充的内容。但是较少有研究涉及宗教信仰对幸福感的影响。概括多年来为数不多的关于宗教与幸福感的关系研究假设，大致包括以下几种：[1]

①宗教与幸福感之间有显著的、积极的、真实存在的影响关系；

②宗教信仰的影响作用存在性别差异，在女性身上的影响作用要大于男性；

③宗教信仰对非洲裔美国人的影响作用要大于白人；

④宗教信仰对老年人的影响作用要大于其他年龄的人群；

⑤宗教信仰对已婚人群的影响作用要大于单身人群；

⑥宗教信仰对新教徒的影响作用要大于天主教徒；

---

[1] Rodney Stark, Jared Maier.Faith and Happiness. *Review of Religious Research*, 2008, 80（1）: 120–125.

⑦宗教信仰的影响作用正在逐年下降；

⑧宗教信仰对参加宗教者的影响作用要大于信仰宗教者。

斯塔克花费了24年时间进行研究，对上述8个假设进行验证。他的研究结果表明，假设1是完全正确的，假设2-5及假设7是错误的，假设6得到微弱支持，假设8有一部分准确。

斯塔克的研究从宗教信仰角度对个体幸福感及其人口学差异进行探索。信仰宽泛的理解还是个体精神世界的内容，与前述的经济因素相对应，经济因素是物质世界的内容。个体的物质世界和精神世界都会影响个体的幸福感。只是物质世界的影响已经被深入研究，而精神世界的影响目前来说还不够深入，这与精神世界内容本身的复杂性有关。

（三）社会关系与幸福

个体的社会关系与幸福感存在显著关系。一般认为，个体拥有比较积极的人际关系、亲密可信任的朋友、和谐的家庭关系等会使个体感受到更大的幸福。近几年国内相关研究中，社会关系研究更多集中于个体的社会支持。个体的社会支持对幸福感的影响包括三个方面的内容：不同来源的社会支持与主观幸福感，研究表明来自家庭、恋人、室友、朋友的支持对个体主观幸福感的影响作用依次减弱；不同方式的社会支持与主观幸福感，社会支持的方式有情感性支持、工具性支持和资讯性支持，其中情感性支持对主观幸福感的影响作用最显著；不同性质的社会支持与主观幸福感的关系，社会支持的性质有客观可见的实际支持与主观体验到的情感支持两类，两类均会对主观幸福感产生影响。[1]

[1] 张羽，刑占军：《社会支持与主观幸福感研究综述》，载《心理科学》，2007（6）。

哈勒（Haller）曾研究过个体社会关系、社会结构与主观幸福感的关系，得出个体的基本社会关系与个体的主观幸福感和生活满意度存在关系。[1] 离异或丧偶与个体的主观幸福感有负相关，已婚与个体的主观幸福感有正相关。具体如表2-3所示。

表2-3　　　　个体社会关系等与主观幸福感的相关

	主观幸福感	生活满意度
个性特征		
性别	−0.02**	−0.03**
年龄	−0.07**	−0.07**
教育水平	0.03**	−0.03**
自主决定权	0.26**	0.41**
身体健康	−0.40**	−0.35**
基本的社会关系		
已婚	0.09**	−0.01*
离异或丧偶	−0.16**	−0.11**
单身	0.03**	0.03**
没有小孩	0.05**	0.06**
工作情况和社会地位		
雇佣	0.06**	0.06**
退休	−0.12**	−0.09**
家庭主妇	0.08**	0.08**
学生	0.05**	0.06**
未雇佣	−0.05**	−0.07**
失业	−0.05**	−0.09**

注：转引自 Haller M, Hadler M. How Social Relations and Structures can Produce Happiness and Unhappiness: An International Comparative Analysis. *Social Indicators Research*，2006，（75）:206.

[1] Max Haller, Markus Hadler. How Social Relations and Structures Can Produce Happiness and Unhappiness: an International Comparative Analysis. *Social Indicators Research*, 2006, （75）: 169-216.

（四）教育程度与幸福

个体的教育水平与个体的幸福存在相关性。受教育程度会在一定程度上影响个体的认知，影响个体看待事与物的态度，从而对个体的幸福感产生影响。但这种影响关系也受到较多质疑。有些研究者认为，个体的受教育程度越高，对生活的期望或者对自己的期望就越高，这种高期望会使个体主观感受到的幸福降低。这两种解释都有一定的道理，受教育程度与幸福感之间的关系似乎存在矛盾。刘文敏等的研究认为 [1]，个体的受教育程度首先使得个体的收入存在差异，再使得个体的幸福感存在差异，如果控制个体收入这一因素，个体受教育程度对幸福感的影响作用可能会发生变化。他们对2002年中国城镇住户的相关数据进行了实证研究，共收集了来自12个省份、69个城市的6835户城镇样本，分别进行了描述性统计分析和回归分析。描述性统计分析结果表明受教育程度较高者幸福感较强，受教育程度较低者报告不太幸福和很不幸福的比例较高。结果如表2-4所示。但是在控制了收入等其他相关变量后，受教育程度与主观幸福感的关系变弱，有些甚至是负影响，即受教育程度越高，主观幸福感越低。同一研究同批样本数据得出关于受教育程度与幸福感相反的关系结论，恰恰表明了幸福感影响因素的复杂性。人类从进入文明社会就开始研究个体的幸福感，从哲学、医学、社会学、教育学、心理学等多个学科视角进行探索，探索的结果不断证明了幸福感影响机制的复杂性。多个影响因素之间可能存在交互影响作用，一个影响因素在另一个影响因素的不同水平上可能存在变化，所以才会产生各种看似矛盾，但事实上合理的结论。

---

[1] 刘文敏，吴丹：《教育与居民主观幸福感——来自2002年中国城镇住户调查数据的实证研究》，载《科协论坛》，2011（5）。

表2-4 受教育程度与主观幸福感关系的描述性结果（样本数／百分比）

主观感受	大学及以上	大专	高中	初中	小学及以下
非常幸福	128/8.45	234/8.01	323/6.73	370/6.79	257/6.47
比较幸福	899/59.38	1500/51.37	2192/45.65	2450/45.01	1892/47.65
一般	379/25.03	931/31.89	1507/31.38	1734/31.86	1246/31.38
不太幸福	75/4.95	177/6.06	584/12.16	686/12.60	437/11.04
很不幸福	33/2.19	78/2.67	196/4.08	203/3.73	139/3.50
合计	1514	2920	4802	5443	3971

注：转引自刘文敏，吴丹《教育与居民主观幸福感——来自2002年中国城镇住户调查数据的实证研究》，载《科协论坛》，2011（5）。对原表格式稍作调整。

第三节　幸福的追求

一、获得幸福的有效行为方式

人的一生都在孜孜不倦地追求，最根本的目的是为了获得幸福。影响幸福的外在因素和内在因素非常多，为了获得幸福，人们应该如何做呢？

为了获得幸福，人们有效的外在行为方式包括：[1]

其一，尽可能生活在富裕的地方，而不是贫穷落后的地方。虽然幸福与经济、收入等呈现非线性关系，但总体来看，经济收入较好是个体幸福的一个可能的客观影响因素和社会性因素，两者之间存在一定的影响关系。当然，在居住地选择这一点上，受较多客观条件的限制，一定程度上缺乏选择的自主性。

---

[1] Anonymous. How Happy are You, and What Can You Do about It? —adapted from The Geography of Bliss（www.hatchettebookgroupusa.com），Authentic Happiness（www.freepress.com），and Gross National Happiness（www.perseusbooks.com）Nonprofit World, Madison, 2010, 6（28）：27.

其二，成功经营自己的婚姻。人际关系是影响幸福的一个重要外在因素，而家庭关系中的夫妻关系、亲子关系等是人际关系的最重要组成部分，能否成功经营婚姻对幸福感存在一定的影响。

其三，尽可能避免出现消极情绪和行为。抑郁、焦虑、自责等是个体经常会出现的一些消极情绪，完全消除不太可能，但个体可以尽可能避免这些消极情绪的出现，学会控制和管理自己的情绪。

其四，建立一个丰富的社会关系网络。人是社会性的，来自他人的社会支持对个体的幸福感存在影响。个体在平时的生活和工作中，要积极地与他人建立联系、增加互动，在困难的时候能够寻求到支持和帮助。

其五，有精神信仰。个体应该具有自己的精神信仰，精神层面的信仰对于个体面对和解决人生观相关的问题有积极的影响，从而促进个体幸福感的提升。

总体来看，上述外在因素能够解释个体8%-15%的幸福感，或者说个体幸福感的8%-15%是由上述外在行为表现方式影响的，但是还有85%以上的个体幸福感无法由上述外在因素解释。笔者认为，如生活在贫穷或富裕地区对主观幸福感的影响就不具有必然性，因为幸福感是主观的，生活环境和状况的贫穷或富裕并不必然导致个体幸福或不幸福。因此，幸福还有其他的行为方式。

为了获得幸福，人们有效的内在行为方式包括：[1]

其一，不要经常回忆过去或担心未来。"活在当下"的个体感觉最幸福。过去的已经过去，每个人的生活过程中总会有让自己不满意或让自己感觉不幸福的事情发生过，一直回忆过去发生过的那些不愉快

[1] Anonymous. How Happy are You, and What Can You Do about It? —adapted fromThe Geography of Bliss(www.hatchettebookgroupusa.com),Authentic Happiness (www.freepress.com), and Gross National Happiness (www.perseusbooks.com)Nonprofit World, Madison, 2010,6(28):27.

的事情，会对个体现在的幸福感产生负面影响。同样，人也不要过分地担心未来，特别是一些没有事实根据的事情，如未来自己的健康是否会随着年龄的增大而出问题，我们所生活的地球有一天资源消耗殆尽，自然环境会越来越差，等等，对这些未来可能会发生或者可能不会发生的事情过分担心，会使个体现阶段产生消极情感。

其二，了解自己所具有的能量，并把它们用到工作和生活当中。在各种文化中较一致的24种人的能量包括：好奇心、热爱学习、批判性思维、创造力、情绪智力、观察力、勇敢、坚持、正直、善良、有爱心、忠诚、公正、领导力、自我控制、智慧、谦逊、欣赏美、感恩、乐观、宽容、幽默、热情、目标意识。

其三，让你的思想和呼吸放慢速度。放慢生活的节奏和步骤，留一些时间给自己思考或者休闲。现在大家普遍感觉生活和生存压力很大，生活节奏很快，没有足够的时间休息。从现在越来越多身强力壮的年轻人"过劳死"现象可知，人们现在的生活速度过快，应当适当放慢节奏。

其四，越过快乐选择满意，快乐是暂时的，满意可能会给你带来长久的快乐。在快乐和满意间做选择，就像看电影和看书一样，电影会给你暂时的快乐，但是一本书的内涵可能会对你产生长期的影响，越过快乐选择满意对幸福感的影响更积极。

其五，学会原谅。在成长和成熟过程中，我们不断犯错误，有些时候，其他人也在不断对我们犯错误，如何面对他人对我们的伤害，是睚眦必报，还是学会宽容和原谅？从提升个体幸福感的角度，后者的积极作用更显著。人应该学会宽容和原谅他人，也应该学会宽容和原谅自己。心大了，大事就小了，就会感到更快乐。

其六，乐观，认识并消除自己的悲观意识。形成积极的思考问题的方式，乐观看待生活中遇到的各种问题。老子曾经说过"不争"的观点，何为不争？即低调，始终把自己放于低点，遇到问题的时候不急躁，因为"我争而善胜"，"物极必反、盛衰交替"。万事万物有其规律，人们没有必要去强求。既然如此，我们何不用乐观的心态去处理各种问题呢。

其七，增加关于生命意义的哲学思考，人为什么活着，如何面对死亡等。思考可以让人更"聪明"，聪明的人更能把握幸福的真谛。

其八，培养自己的成功感，不管成功对你意味着什么。培养自己的成功感实际上就是培养自信感。我们在工作和生活中，有成功，有失败，但那都是暂时的，只有对自己有足够的自信，相信自己有能力处理好各种问题，才有可能达到幸福。经典的教育实验"皮革马利翁效应"实际上也说明了自信与来自他人的肯定对个体成功的重要作用。

其九，以口头、语言、信件等方式感谢他人，以各种可能的方式尽可能多地感谢他人。人要学会感恩，个体的幸福很多时候是在他人的帮助下达到的，感谢别人也能够让自己获得内心的升华。

二、追求幸福的途径

以上对幸福获得的有效行为方式进行了探索，但是还不足以全部解释个体幸福感的变化。还有其他的一些因素对幸福感产生了影响。[1] 其中常见的获得幸福的途径包括以下几种：

积极。积极指情绪积极、行为积极和认知积极。三者相辅相成，互相促进和影响。积极的情绪、积极的心态、积极的行为，能够让个体的生活和工作过程中有更大的收获，也能够提升个体的幸福感。积极不仅是一种生活态度，更是一种行为方式。积极能促进个体的幸福，

---

[1] Dianne A. Vella-Brodrick, Nansook Park, Christopher Peterson.Three Ways to be Happy: Pleasure, Engagement, and Meaning—Findings from Australian and US Samples. *Social Indicators Research*, 2009,（90）: 165-179.

幸福也可以说是个体积极心理的一种表现形式。21世纪提倡个体积极心理的研究，包括自信、幸福等，几者之间存在互相促进的关系。

投入。投入指的是个体的卷入程度，个体对活动的专注及关注程度。幸福是人类最大的善，来源于人的"自足"，或者说来源于创造和劳动。不劳而获、自私自利等最终并不能获得幸福。现在很多人都觉得不幸福，工作不幸福，家庭不幸福，但从来没有考虑过自己对工作和家庭投入了多少，更多的是对工作和家庭的抱怨，更谈不上创造性的工作和生活。没有对工作的关注和投入，没有生活的热情，一味地指责和抱怨生活对自己不公，这样的个体是很难获得幸福的。

意义。指要寻求有意义的生活。存在主义哲学家维克多·E·弗兰克尔有过一部畅销世界的名著《人对意义的寻找》，维克多写这本书的动因是他经历了很多对常人来讲非常困难甚至可以说残忍的事，丧失了自己最重要的亲人，失去了继续生存的勇气。《人对意义的寻找》一书对人们最大的启示，是寻求意义对于人类生存和获得幸福具有重要意义。维克多在确定生命的意义时，还正视并归纳出了我们今天所面临的"生存挫折"，认为由无意义感和空虚感捏合而成的生存空虚，是现代人看不清或看不到生命意义的原因所在。维克多在书中反复强调：无论处境多么悲惨，我们都有责任为生命找出一个意义来——这正是他"意义治疗法"的精髓。维克多不仅为我们指出了问题的症结，也找到了解决的方法。[1] 麻木的生活也是一种生活，但这种幸福感可能是虚幻的幸福感。获得有意义的生活，是获得幸福的一个影响因素。

---

[1] 维克多·E.弗兰克尔：《寻求生命的意义》，http://www.niwota.com/submsg/5663661/.

第三章

比较与幸福

生活中有太多关于比较与幸福的例子：

给学生开座谈会，请同学们谈谈学习情况。第一个学生发言：我觉得学习压力太大了，我们每天都有7节课，没有太多可自由支配和学习的时间；第二个学生发言：我觉得学校在课程安排上存在较多问题，我们每天都有9节课，基本上连自己思考的时间都没有了；第三个学生发言：除了白天都有课外，我们连周末都有实验课要上呢；第四个学生发言：我们的课更多，而且关键的是，比较重要的基础课如数学课，都安排在学习效率最差的下午来上，我们都想睡觉呢，上课效果太差了。谈到这里的时候，第一位同学突然说：老师，当听到后面同学发言的时候，与他们相比，我觉得自己很幸福了。

笔者单位在杭州市某区开了一个现场儿童心理咨询会。参加咨询会的有三四十位家长，当时有一位家长率先发言。在他看来，现在的孩子非常幸福，为什么非常幸福？该家长谈到跟自己童年时候的生活相比，现在的孩子太幸福了。自己童年的时候，家里非常困难，连吃饱饭都成问题，更不用说水果什么的营养搭配。而现在的孩子，基本上是要什么有什么，孩子不吃饭，家长还要哄着吃，现在的孩子当然是幸福的。该家长实际上是将现在的孩子与过去的孩子进行比较，从物质条件上看，现在的孩子要比过去的孩子幸福。虽然这位家长所进行的比较有较大的时间跨度，但不可忽略的是，"比较"确实是影响儿童幸福的一个重要因素。成年人或者儿童在对儿童的幸福进行评价时，总是会受比较因素的影响。

就像法国著名儿童文学短篇小说《小王子》里的主人公小王子。小王子原先生活在自己的星球上，星球上有一朵他自己浇灌的玫瑰花，在小王子的心里，这朵玫瑰花非常可爱和美丽。但当小王子来到其他星球看到满园的玫瑰花时，就感到失落和震撼了，原来他的玫瑰花并不是独一无二的。小王子后来在小狐狸的引导下，认识到他的花是不一样的，因为这朵花得到了他的爱，得到了他的浇灌，他们之间有驯养的关系，是独一无二的玫瑰花，他重新感觉到了幸福。如果没有满园的玫瑰花作对比，小王子可能不会感觉到失落，同样，如果没有满园的玫瑰花作对比，小王子也可能不会重新感受到幸福。

生活中不乏比较与幸福的例子，有些个体感知到了，有些个体没有感知到。

个体真的会在比较中获得幸福或者不幸福吗？2002年诺贝尔经济学奖获得者卡尼曼教授（Kahneman）及其研究团队曾经对比较、幸福和金钱的关系进行研究，认为金钱的绝对数量并不能使人们感觉更幸福。[1] 金钱在比较的情况下使人更幸福，个体倾向于与周围的人比

---

[1] Daniel Kahneman, Alan B. Krueger, David Schkade, et al.Would You be Happier if You were Richer? A Focusing Illusion. *Science*, 2006,（312）：1908–1910.

较所获得的金钱数量，当自己比所属群体内的其他人赚的钱更多时，个体会更多地感觉到幸福。而个体的绝对收入对个体的幸福感并无显著影响。[1]

卡尼曼教授对个体幸福感缺失的原因进行了探讨，认为主要与个体的比较有关，具体包括：[2]

第一，幸福来源于财富的攀比，而不是财富绝对数量的增加。幸福感的增加出现在与同阶层的他人相比更富有时，而不是出现在大家都富有时。因此，个体觉得生活得不快乐，是因为追求的是比别人幸福，而不是追求自己的幸福，对自己幸福程度的判断没有绝对标准。

第二，物质消费不能带来长久的幸福。人们的物质需求是无止境的，新需求的产生速度和旧需求的消逝速度都很快。但是很少有人能够在这种物质消费中获得长期的幸福感。物质消费更多是人空虚时的一种消遣，但很难触及人的心灵深处。

第三，生活方式。财富的积累是以时间和责任为代价的，收获财富也就意味着紧张、压力、忙碌，特别是财富积累的初始阶段。紧张和压力会使个体的心理出现焦虑、抑郁、强迫等障碍，反而使得财富失去应有的价值。

卡尼曼的研究主要是针对成年人进行的，揭示了成年人无所不在的"比较"心理和行为，以及这种心理和行为对幸福感的影响。

对儿童来说，"比较"也在每天的生活中实实在在地存在着，并对个体的幸福感产生着影响。

---

[1] Christopher J. Boyce, Gordon D. A. Brown, Simon C. Moore. Money and Happiness: Rank of Income, Not Income, Affects Life Satisfaction. *Psychological Science*, 2010, 21（4）: 471–475.

[2] 《人们在攀比中更能得到满足和幸福》，载人民网，http://scitech.people.com.cn/GB/1057/4557505.html.

第一节　比较：幸福的相对性

在心理学领域对个体的主观幸福感进行关注之前，道德哲学已经对个体的幸福有了较久远的探讨。古希腊哲学家亚里士多德对幸福曾经有过这样的论述："如果有某种为其自身而期求的目的，而一切其他事物都要为着它，而且并非全部抉择都是因他物而作出的，那么，不言而喻，这一为自身的目的也就是善自身，就是最高的善"；"从名称上说，几乎大多数人都会同意这是幸福"。[1] 亚里士多德区分了三种不同等级的终极目标：最少终极性的目标（不由于自身而被寻求的目的，如财富）；较为终极性的目标（由于自身也由于其他东西而被寻求的目的，如荣誉、德性）；绝对终极的目标（只由于自身而被寻求的目的，如幸福）。[2] 幸福是人类最大的善，也是人类永恒的追求。

在对幸福的追求过程中，人们逐渐发现生活在经济发达地区的人们主观幸福感并不一定比贫穷地区的人们高，受教育程度高的人们主观幸福感并不一定比受教育程度低的人们高，生活中积极事件多的人们主观幸福感并不一定比消极事件多的人们高，收入高的人们主观幸福感并不一定比收入低的人们高……我们似乎很难找到衡量主观幸福感的一个绝对标准，经济、负性生活事件、受教育程度、信仰、追求等与幸福看起来没有绝对的相关性。

那么，幸福究竟是绝对的，还是相对的，幸福的来源是什么，幸福存在于何处，人类应该如何追求幸福？

---

[1] 陈天梅：《论亚里士多德的两种幸福观》，四川大学2006届硕士学位论文。
[2] 陈天梅：《论亚里士多德的两种幸福观》，四川大学2006届硕士学位论文。

一、幸福的绝对性和相对性

古希腊的哲学家早就提出幸福是相对的。幸福的相对性依据三个假设：（1）幸福来自于比较；（2）比较的标准不断在调整；（3）比较的标准是主观构建的。[1] 如何理解这三个假设？首先，幸福来自于比较指的是人们对自己生活的评价是主观精神活动的结果，包括了个体对自己生活是否符合某种标准的判断，或者对自己生活应该是怎么样的一种判断。自己的生活更加符合某种标准，人们就会感觉更幸福。那么这种标准又依据什么呢？有来自个体期望的，也有来自社会他人的，也有来自个体过去经历的，因此，幸福来自于个体的比较。其次，个体比较的标准并非一成不变，比较的标准随着现实世界的变化而不断发生变化。如果人们的生活水平有所提高，那么比较的标准也在提高，如果人们的生活水平有所下降，那么比较的标准也会下降。最后，比较的标准是主观构建的，没有哪个国家或者哪个社会机构曾经给出过一个统一的关于物质生活和精神生活的标准，但人们的心里似乎都有这样一个标准，并凭借这个标准判断自己生活得好坏，从而产生幸福感或者不幸福感。人们所构建的这个标准是主观的，可能与现实世界并不相符，只是符合了人们主观关于生活标准的设想。

上述假设我们可以反过来推理。比较的标准是个体主观构建的，因此不具有客观性、稳定性和绝对性，其标准可能随时会发生调整。而调整的依据则是个体所生活的现实世界，个体所生活的现实世界既与个体的过去世界有关，也与个体的将来世界有关，同时与个体的社

[1] Ruut Veenhoven.Is Happiness Relative? *Social Indicators Research*, 1991, 24（1）: 1–34.

会世界存在关系。因此，个体在构建比较标准的时候，在不断地进行调整，这种比较标准的变化进一步影响了个体的幸福感。个体常用来进行比较的对象标准一般限于以下三类：[1]

与他人比较。在与他人的比较中感受幸福或不幸福，是关于比较标准最一般的观点。人们生活在社会世界中，在构建比较标准时，可能首先会选择同一社会群体中的他人，或同年龄层次的他人进行比较。这一标准似乎在说明个体幸福感没有绝对性，个体自身任何方面的进步或退步都不足以使个体更幸福或更不幸福，个体的幸福来源于与社会他人的比较。

与自己的过去和早期生活比较。如果个体现在的状况要明显优于过去的自己，则感觉更幸福。这一标准似乎也在说明个体幸福感没有绝对性，个体幸福与否与个体现实情况没有太大关系，个体的过去越糟糕，则现在的幸福感越强烈。从人对幸福的追求本源来看，人的追求从某种意义上讲就是为了让自己的生活更幸福，而最直接的比较依据就是过去的生活。

与自己的理想和所期待的生活比较。一般而言，个体总有自己关于人生的目标与理想，而人的理想实现则是对人的需要的满足。心理学家马斯洛曾经把人的需要分为五个层次，从低到高依次为：生理需要、安全需要、情感与归属的需要、尊重需要、自我实现需要。可能不是所有的人都有自我实现的需要，但是人总会有不同层次的需要满足的目标。

但是，与自己的理想生活比较这一标准看起来似乎也是非绝对性的，即便个体达到了一种自己认为的较完美的生活状态，个体还是有可能不会感到幸福，因为他们想要获得的更多。人永远在追求和实现

---

[1] Ruut Veenhoven.Is Happiness Relative? *Social Indicators Research*, 1991, 24（1）: 1–34.

理想，但永远达不到理想状态，因为人所生活的主观环境和客观环境都在变化，而人的欲望又是无止境的。

从比较的这三条标准来看，个体的幸福似乎是飘忽不定的，我们很难触碰到真正的幸福，因为幸福不存在于客观世界中，而存在于主观世界中；幸福不是绝对的，而是相对的。这可能也是近些年来主观幸福感研究中各类人群幸福感偏低及对幸福追求迷惘的原因之一。人究竟在什么时候才是最幸福的，仁者见仁，智者见智，没有统一的标准。最终，人的幸福还是个体主观构建的，因为幸福来源于比较，而比较的标准是主观及相对的。

除了比较的对象标准外，还有比较的内容标准。笔者曾带着孩子去看望了一位按世俗标准生活过得比较"潦倒"的朋友。这位朋友一家三口挤在一个五六平方米的房间里，房间的一半被床占据。孩子玩得非常开心，在床上爬来爬去。在我的感受中，这一家三口也很幸福。每天晚饭过后，一家人在小小的房间里，聊聊心事，感情可能会更好。有些家庭，房子空间非常大，每个人都有自己独立的房间，家庭中的成员可能会有些许惆怅，觉得少了交流和沟通的时间。

人的正常心态是：越是自己没有的东西，越是倾向于和别人比较，越感觉不幸福。当我们贫穷的时候，我们羡慕有钱人，觉得自己如果那么有钱该多好；当我们拥有了钱却失去健康的时候，我们羡慕健康的人，觉得钱有什么用，健康才是最重要的；当我们拥有钱和健康，却失去可自由支配的时间时，我们羡慕自由享受生活的人，觉得自由才是最重要的……我们生活在不断拥有和失去的过程中，生活在不断地追逐幸福却感受不到极大的幸福之中。

个体比较的内容标准，主要包括：

与自己或他人进行物质比较。物质是相对于意识而言的客观存在。从个体比较的物质内容看，金钱、房车、社会关系、工作、外表等都属于物质层面的内容。一般情况下，物质比较的内容是较低层次的比较内容，是个体通过努力容易达到的，但也是个体容易用以比较的。在与他人进行比较的时候，我们首先考虑的是物质的内容，这可能是人的一个通病。就像《小王子》里所描述的，"如果你对大人们说："我看见一幢有玫瑰色砖墙的房子，窗前长满了天竺葵，屋顶栖息着鸽子……，他们却始终无法想象这幢房子。你必须对他们这么说：'我看见一幢十万法郎的房子。'于是他们就会惊呼：'多美啊！'"[1]。在多数成年人的认知中，最初出现的更多是物质内容的比较，而不是精神层面抽象的内容。

与自己或他人进行精神比较。精神是相对于客观存在的物质而言的主观存在。从个体比较的精神内容看，人生观、价值观、信仰、内涵、人格魅力、理想、自我实现等都属于精神层面的内容。当社会发展到一定的程度，人们便会逐渐意识到精神层面内容的重要性。即使拥有非常好的物质条件，还是会因为精神内容的缺失而感觉空虚和不幸福。而精神方面的内容与个人的知识、修养、成长环境和背景等有较大的关系。个体的认知能力一定程度上决定了个体对精神内容的理解。认知能力强的个体在认识事物和他人时，更能从本质上去看问题；认知能力弱的个体在认识事物和他人时，更容易从表面上去看问题。认识的层次和深度不一样，对个人的精神内容理解会产生影响。同样，认知能力强的个体可能会更多地进行精神内容的比较，认知能力弱的个体可能更多地停留于物质内容的比较。

生活中的比较类型多种多样，很难有定论。可以确定的是，个体

[1] 圣-埃克苏佩里著，王以培译：《小王子》，21页，北京：社会科学文献出版社，2010。

的比较对个体幸福感产生影响。幸福来源于主观的比较，主观的比较又是建立在客观的基础上。就像前述"我们不能说追求幸福是由于其他的东西，但对于其他东西的追求是由于幸福"是同样的意思。幸福最终是个体在相对比较上主观构建和感受的，而客观的内容是主观比较的可能依据。为了幸福而幸福，这是最终目标。但是通往幸福有很多的途径和铺垫，这些途径和铺垫可能是客观的。

二、拥有、失去与幸福

前段时间偶尔听广播，主持人在讲一个名人，如果每天能够喝喝茶、晒晒太阳，就是一种幸福。因为名人很忙，喝茶晒太阳对他来说是不容易拥有的闲暇时光。笔者不禁联想到一篇小文章，一个海边的渔农觉得富人很不可理解，到海边晒晒太阳就是度假，而且还要特别排出时间。渔农觉得自己岂不是每天都在度假了，但渔农体会不到特别的幸福，因为每天晒太阳是他太容易就能拥有的生活。生活在城市的人在想，如果在农村有一片属于自己的菜地，闲暇的时候种种不打农药的菜该多好。生活在农村的人在想，如果在城市有一间属于自己的房子，有闲的时候逛逛繁华的街该有多好……关于幸福，有太多的如果。这一方面体现了幸福对于个体的多样性，不同的人对幸福有不同的理解。另一方面，也体现了幸福的相对性，没有拥有的才是幸福的。

为什么个体对自己拥有的生活觉得不满意，而对没有拥有的心存渴望？从个体认知的角度，可能是因为一种消极的思维——"得不到的就是幸福的"。因为我们没有拥有，所以我们无限放大了可能拥有后的光环；因为我们没有拥有，所以我们对其充满了期待；因为我们没有拥有，所以我们忽略了已经拥有的。最后，已经拥有的慢慢被我们失去了，没有拥有的还是没有拥有，即便拥有了也慢慢变得麻木，所以我们还是不幸福。

解释水平理论也能够解释个体认为不曾拥有或者已经失去的东西会让自己更幸福，而对拥有的东西幸福感降低。解释水平理论(Construal Level Theory，CLT)是社会认知心理学的一个较新理论，由利伯曼（Liberman）和特普（Trope）最早于1998年提出，理论的核心在于人们对社会事件的反应取决于人们对事件的高低不同解释水平。[1] 高解释水平具有去背景化的、抽象而简单的特点；低解释水平则具有背景化的、具体而复杂的特点。[2] 影响这种解释水平的一个重要因素是心理距离，心理距离包括了时间距离、空间距离等因素。当心理距离较近的时候，人们采用的是低解释水平；而当心理距离较远的时候，人们则采用高解释水平。以时间距离为例，生活中经常会出现这样的现象，人们原本非常期待某件物品或事件，并设想当自己拥有之后会很幸福。但是，随着时间临近，在人们完成该事或拥有该物品后，该物品或事件对人们的吸引力反而降低了，幸福感也随之降低。究其原因，解释水平理论认为，对于近期的事物，人们对其的理解更具体，更有可能做出较现实的认知；对于遥远的将来要完成的事件，人们往往会过于乐观地估计其可能的结果，而出现相对乐观的认知。

前述个体对拥有的生活不满意，对没有拥有的心存渴望，是受心理距离中空间距离和时间距离的影响。拥有的生活从空间角度和时间角度距离自己近，感受到的都是具体的，任何缺点都可能被放大，对个体的

[1] 李雁晨，周庭锐，周琇：《解释水平理论：从时间距离到心理距离》，载《心理科学进展》，2009（4）。
[2] 孙晓玲，张云，吴明证：《解释水平理论的研究现状与展望》，载《应用心理学》，2007（2）。

吸引力会降低。没有拥有的东西从空间角度和时间角度距离自己远，对远的事物更多是抽象的认知，不会过于具体，所以其优点会被无限放大，对个体的吸引力会提高，也会极大提升个体拥有后的幸福感设想。

对幸福失去和拥有的探讨本身就体现了幸福的比较性。失去（或不曾拥有）和拥有之间存在比较。前述比较标准部分，"与自己的过去比及与自己的理想比"，"与自己的过去比"这一比较标准更多地指已经拥有的东西，"与自己的将来比"这一比较标准更多地指不曾拥有而充满期待的东西，所以个体经常拥有的感受就是过去的我可能不幸福，现在的我可能也不是特别幸福，但将来的我肯定会幸福的。与他人的比较这一比较标准也是一样的。与他人比较，就是用自己的拥有与他人的不拥有，或者用他人的拥有与自己的不拥有进行比较，从而获得关于幸福或不幸福的感受。

生活中对于不拥有的东西无限渴望，并放大其拥有后幸福感的例子举不胜举。如婚姻与爱情，居高不下的离婚率在一定程度上说明了这种心理机制，恋爱的时候有新鲜感，对于这份追求的感情充满期待，一旦进入婚姻，朝夕相处后，原本珍视的感情出现了越来越多的漏洞。任何事物，当神秘的面纱被揭开后，带给人们的幸福感会极大降低。

如何看待拥有、不拥有与幸福的关系？亚里士多德曾谈到终极目标和自足是最高善的两个标准。它们两者之间的关系是最高善是一个终极目的，它通过自身就使得生活有价值，并且一无所缺。自足，构成了一种自身就具有的价值活动。[1] 从亚里士多德的论述中，我们可以看到幸福来源于自身，自身能创造幸福。这与认知主义心理学的观

---

[1] 陈天梅：《论亚里士多德的两种幸福观》，四川大学2006届硕士学位论文。

点相一致。认知主义心理学认为客观世界是无法改变的，人能够改变的是自己的主观世界。而决定人们幸福感受的恰恰是人的主观世界，而不是客观世界。幸福固然受个体以外的其他各种因素的影响，但幸福最终来源于自己，来源于自己的努力，来源于自己的创造，也来源于自己的认知。

拥有的，就是幸福的。不管生活带给我们什么，开心的、悲伤的、愤怒的，或者其他任何的滋味，我们都要接受和面对。悦纳自己、珍惜现在、活在当下，人们才可能感受到更强烈的幸福滋味。

综合考虑幸福的绝对性和相对性、失去和拥有与幸福的关系，我们可以得出这样的一个观点：幸福是相对的，是在比较的基础上得出的，比较的内容和标准也是相对的，而衡量这种相对性的是一些绝对的内容。失去和拥有是幸福相对性的一个真实体现，失去或没有拥有是相对拥有而言，因为没有拥有或者失去了，所以会对将来可能的拥有寄予幸福期望；而当拥有了以后，原来远距离的期望变成了近距离的现实，对个体的吸引力反而降低，幸福感水平也降低。幸福是相对的，这种相对性最深层次的线索不是客观世界的生活存在，而是我们主观世界对这些客观存在的评价。

三、幸福的客观存在与主观存在

马克思认为存在有两种基本形态：一种是作为客观存在的自然，包括自然形态的天然自然和社会形态的人工自然；另一种是作为主观存在或主观世界的人化自然。[1] 物理世界由天然自然和人工自然构成，

---

[1] 黄颜：《客观存在与主观存在及其相互关系》，载《河池师专学报》，1991（2）。

而人化自然则是意识形态的主观存在，是人的心造世界，是专属于人的。[1] 人与动物的最大区别是人存在人化自然，人在做一件事情之前，不会盲目地进行，而是会在头脑中先构建关于这件事情的认知操作，先进行计划，就如斯腾伯格三元智力理论中的智力成分亚理论，这一理论认为人的智力包括元智力成分，即在行为之前，个体会对自己的行为操作过程进行监控。主观存在和客观存在有着怎么样的关系？主观存在来源于客观存在的物理世界，但又具有自己意识的内容。如我们在看一幅画，作为客观存在的画是个体主观存在的来源，但是个体最后对这幅画的感知又有了自己主观的意识成分内容。人类在不断尝试改造自己的主观世界和客观世界，"毫无疑问，因为人们自觉地改造自己的主观世界，其认识能力才不断提高，反过来则使人们更完满地改造世界，由此加速人类文明发展的历史进程。"[2]

与自然界其他的存在形态一样，幸福也有客观存在和主观存在两个方面。

幸福的客观存在指的是客观存在的幸福的自然形态和社会形态。如个体的家庭背景、地位、外表、收入、年龄、取得的成就、生活环境、社会关系、家庭关系等各种物理形态，年龄等是自然形态，成就和收入等是社会形态。这些内容都是不以人的意志为转移的客观的东西，人很难去改变它。如年龄，必须要遵循自然规律，人的意志不可能违背这种自然界的定律。

幸福的主观存在即现在一般意义上的主观幸福感。个体对自己生活综合评价后获得的关于自己幸福与否的结果，是自己的一种幸福感

[1] 黄颀：《客观存在与主观存在及其相互关系》，载《河池师专学报》，1991（2）。
[2] 黄颀：《客观存在与主观存在及其相互关系》，载《河池师专学报》，1991（2）。

受。个体所进行的生活综合评价实质上就是对幸福客观存在形态的一种评估。个体的主观幸福感以主观存在的形式表现出来，部分来源于幸福的客观存在。如前面所述，收入高的个体并不一定比收入低的个体幸福，身体健康的个体并不一定比身体不健康的个体幸福，具有个体的差异性。在这些例子中，收入高低、身体健康与否均是一种客观存在，而个体最后感受到的幸福感是一种主观存在。与客观存在相比，幸福的主观存在对个体幸福感的意义更大。

幸福的主观存在与客观存在的关系如何？如前所述，人们只有自觉地改造自己的主观世界，其认识能力才会不断提高，反过来使人们更好地改造客观世界，使人类文明加速前进，即两者之间存在相互作用关系。幸福的主观存在部分来源于客观存在，而主观存在即认识能力水平的提高又有利于促进客观存在的提高，客观存在提高使得主观存在有更好的来源，如此良性反复，使得个体的幸福感不断提高。

个体的认知能力受很多因素影响，个体的受教育水平、生活环境、社会经验等，这些因素很难在短时间内得到改变，但是个体应该有提高自己认知能力的意识。平时遇到事情或问题的时候，不要让一些消极认知如无端放大、非此即彼、无端推断等占据上风，平时思考问题的时候，要学会理性思维，不消极，不极端。久而久之，当这种积极的思维成为一种习惯时，个体就会形成一种积极的思考问题的方式，个体的认知水平也会随之提高。

幸福的主观存在和客观存在实质上也是幸福相对性的体现，从另一个侧面表明了没有绝对的幸福，只有相对的幸福，这种相对的幸福建立在个体主观评价的基础上。同样的事件，对不同的人，可能是完全不同的幸福感受，这种差异体现了个体主观存在的差异性。人有气质类型的差异、性格的差异、生长环境的差异，这一系列导致了个体认知的差异，而认知的差异又使得个体对相同事件幸福评价的差异。人生活在自己的主观世界中，人们是怎么看待这个世界的，这个世界就是怎么样的，幸福程度也就是怎么样的。

幸福是相对的，是建立在比较基础上，由个体主观构建的。

亚里士多德有过关于幸福的著名的功能论证，认为具有功能和行为的所有事物，他们的善和美被认为就在于他们的功能之中，人不是天生没有功能和无能的，每一事物的功能就是它的目的、现实和完全的实现。[1] 得到幸福的秘诀就是忘记它，幸运的话，在我们追求有意义活动和关系的过程中，它会作为一个产品出现。[2] 人如何才能获得幸福，幸福的奥秘告诉我们，要忘记幸福才能得到。当人们心无旁骛地实现自我，实现自己功能的时候，当人们每天从事有意义活动和关系的时候，幸福可能就会悄悄降临了。

人们总是在追求幸福，但是很少有人能够理解幸福就在于实现人的功能，当人们实现自己功能的时候，幸福的追求也就完成了。人有很多自我实现的方式，从最简单的意义上来说，完成自己的责任，承担自己所做选择的责任，就是最佳的自我实现的方式。

第二节 比较：幸福的社会语境

幸福作为个体的感受，一般而言是个体自我意识的体现，是个体综合评价的结果。在有些社会学家的观点中，幸福同时具有社会性。社会学家将幸福看作社会的产物，而不是纯粹的心理现象或个人现象，认为个人的幸福总是存在于一定的社会环境中，受社会因素的影响。

---

[1] 陈天梅：《论亚里士多德的两种幸福观》，四川大学2006届硕士学位论文。

[2] Mike W. Martin. Paradoxes of Happiness. *Journal of Happiness Study*, 2008，（9）：171-184.

因为任何行为个体都是生活在社会环境中的，在与他人的社会互动中生存并发展的。"人们大多数的快乐都植根于社会生活之中。"[1]

一、幸福的社会性

人的生存和发展离不开社会，人同时受社会法律、文化和道德的制约和约束。心理学精神分析学派代表人物弗洛伊德曾经把人的人格结构分为本我、自我和超我三个层面，其中本我是儿童的我，遵循快乐原则，自我是现实的我，超我是道德的我。虽然弗洛伊德关于个体人格的分层并不被所有人都接受，但大家能够接受的是个体人格的多样性及其受制约性。按照弗洛伊德关于本我的概念，个体有较强大的本我力量，而本我是大量为社会道德所不能容许接受的人的本能的欲望和冲动。在笔者的理解中，弗洛伊德所说的本我更多指的是人的生物力量，而其所对应的则是人的社会力量，即自我和超我。如果没有超我这一道德的社会力量对本我所产生的制约和约束，人与动物的一些根本性的区别可能会变得较模糊。很多人认为幸福就是享乐，尽可能地享乐，如此界定的幸福失去了人的社会性的意义，而且生活在社会环境中的人是很难尽可能地享乐的，因为有社会道德和法律等对其所产生的约束。

人同时受其所生活的社会文化的影响。人所生活的社会环境具有这一社会的文化基础。从全球角度，有东方文化和西方文化的区别，有中国文化与美国文化的区别；在一个国家内部，我们有各民族文化的差异，有城市和农村文化差异，有南方和北方文化差异等。不同的

---

[1] 苏萍：《幸福的社会影响因素——中国2003年综合社会调查》，载《青年研究》，2007（3）。

社会文化对人幸福感受的主观层面内容和客观层面内容的影响作用是不一样的。根据一些研究的结论，在生活条件更加艰苦的农村，农民群体的幸福感并不比城市群体的幸福感低。究其原因，一是农民群体在评估自己的幸福感时，相比较的对象更多也是农民，这种相对的比较使得他们的幸福感并不会太低；另外就是跟所属群体生活的社会文化，以及在这一社会文化背景中所形成和建立的社会关系有关。生活中有太多这样的例子。很多像笔者一样生在农村，而留在城市工作的子女，总是希望家里的老人能够到城市里与子女一起生活。在子女的感受中，城市的生活条件更好，生活更方便。但是老人往往是在子女不断邀请下才到城市短住一段时间，一段时间之后就想着要回老家。很多子女很费解，为什么父母就不喜欢城市的优越生活呢？那是因为，在父母的理解中，在城市中，他们生活非常不习惯，语言不习惯，生活方式不习惯，没有可以谈心的朋友，没有人能够理解他们；而在农村，大家的生活方式及习惯大致相同，共同语言也多，心理的归属感更好。这些归根结底还是文化差异的问题，农村和城市有不同的文化，很难较好地相互融合。

总体来看，幸福具有社会性，受多种社会因素的影响。自由撰稿人王石川曾谈到，"幸福的确与物质有太大关系，它与尊严有关，与平等有关，还与良好的制度设计有关。"[1] 改革、发展、提高、平等、制度、尊严……这些带有社会学属性的词语联结在一起，最终构成了幸福。

---

[1]《幸福在生活中与社会学上不是一个概念》，载《吉林日报》，http://cswbszb.chinajilin.com.cn/html/2011-01/12/content_687178.htm.

二、社会幸福与个人幸福的统一

英国著名思想家罗素认为，幸福部分靠外界环境，部分靠个人自己，而人类种种不幸的根源，部分在于社会制度，部分在于个人的心理——当然，后者在很大程度上是社会制度的产物。美国新实用主义哲学的主要代表人之一罗蒂认为民主开放的社会对人的幸福非常重要，因此他特别强调政治的作用，认为思想和政治的自由、宽容、心胸开放，可以合理地成为人类幸福的途径。[1] 中外很多思想家和哲学家都对幸福的社会性和个人性做出过论断，认为个人幸福与社会幸福是统一的，相辅相成的。

在追求幸福的过程中，很多个体遇到类似的问题，主观上希望自己幸福，但是客观上达不到幸福；反之，有些个体看似达到了客观上的幸福，但是主观感受不幸福。"幸福没有一定之规，幸福可以发展和变化——现在的问题是，在城市中，有钱的为生活压力大而苦恼，而穷人又为生存压力大而悲哀，仿佛无论贫富都迷失了幸福的方向。这就是有人幸福有人感到不幸福的关键。虽然幸福是每个人的梦想，但时至今天，我们却已经失去了维系幸福的纽带——附着在传统人情之上的人文精神。我们需要找寻的其实不是幸福的感觉，而是精神世界的信仰。"[2]

如积极的人际关系能够提升个体的幸福感，特别是家庭关系。家

---

[1] 李卫东：《幸福哲学研究争刍议》，载《合肥工业大学学报（社会科学版）》，2009（5）。

[2]《幸福在生活中与社会学上不是一个概念》，载《吉林日报》，http://cswbszb.chinajilin.com.cn/html/2011-01/12/content_687178.htm。

庭关系能否融洽一方面与个体自身的努力营造有关，另一方面也离不开家庭其他成员的努力。假设家庭其他成员在构建家庭关系上并不积极，甚至有一些伤害家庭关系的行为出现，个体再努力，也很难形成积极的家庭关系。个体的幸福感自然也会受到影响。又如婚姻关系的中断，在西方文化中，夫妻双方离异是非常正常的一件事情，如果一方再婚，也会得到祝福，因为西方文化从根本上认同感情自愿且是私事；但在东方文化中，虽然近几年离婚率一再攀升，很多人对于离婚还是持不认同的态度，特别是老年人。因此，对于婚姻的结束，可能离异夫妻双方是希望能够追求幸福，但所处的社会文化给了他们很大的压力，让他们在追求幸福的过程中受到了很多的约束。

　　上述均表明个体主观上希望自己幸福，但是客观情况不一定达到。而有些情况是看似客观上达到了幸福，但主观感觉不到幸福。如收入与幸福的非线性关系。"大量研究表明，收入的提高、生活条件的改善，会提升人们的主观幸福，而收入的进一步提高，生活品质的丰富性和多样性，又会导致主观幸福度的下降，形成收入与主观幸福的非线性关系。"[1] 收入提高应该可以称得上幸福客观性的体现，一般情况下，收入提高，人们的主观幸福感也会随之提高。但目前关于幸福和收入的研究已经表明，个体主观感受到的幸福并不必然随着收入提高而提高。其原因还在于幸福的社会性。近几年，整体的社会压力在增加，整个社会处于泛焦虑时代。社会的怪现象接连不断，如居高不下的房价。很多人手上有不止一处的房子，已经足够全家人居住，但还是要买更多的房子。这种心理直接或间接地刺激了房价的高涨。这种心理可以

---

　　[1] 苏萍：《幸福的社会影响因素——分析中国2003年综合社会调查》，载《青年研究》，2007（3）。

理解为人们缺乏安全感的一种体现，似乎在通过不断增加的房子来增加安全感。所以再多的房子也不会让人们感觉到幸福，虽然客观上房子已经够了，但是受社会性安全感缺失的影响，个体主观上还是不幸福。

因此，个体要达到最大程度的幸福，离不开社会整体幸福水平的提高；同样，和谐社会背景下的社会幸福也需要所有个体达到幸福。个体的幸福很大程度上是社会的产物。人达到幸福的关键在于对自己在这个社会中价值能否得到体现的一种评价，人的幸福在于自己能否感受到自身的社会价值，能否通过劳动在社会发展中有所作为。社会幸福和个人幸福是和谐统一的关系，社会幸福是个人幸福的基础，同样的，社会幸福也需要个人幸福来丰富。

三、幸福社会性的比较

前述关于幸福的相对性及幸福的比较更多是从个体角度出发，幸福具有社会性，个体的幸福感受部分也来源于社会性的比较。个体的幸福具有社会性的印迹，具有社会性比较的印迹。

2007年，王建民在《光明日报》上发表了《幸福感的社会性及其中国语境》一文，在文中他提到可以从社会记忆、社会期望、社会群体和社会建构四个方面对影响幸福感之形成的社会性因素加以讨论。依据王建民的观点，社会记忆对幸福感的影响体现为特定时代对所有社会成员心理的塑造，个体记忆中总会有某一特定时代的痕迹，相对的是个体记忆；社会期望对幸福感的影响指人们对未来生活的信念与预期会影响到当下的情感状态；社会群体对幸福感的影响指人们在一定的群体之中生活，并有获取群体中他人的认可和支持的愿望；社会建构体现为社会的主流意识形态、社会舆论、大众传媒等对社会成员价值观念的影响与塑造。[1] 王建民所提到的社会记忆、社会期望和社会群体与我们前述幸福相对性中的三点比较标准类似，但前者更侧重个体自己的比较，与自己的过去和将来比较，与自己所生活社会的他人进行比较，而王建民所指的更侧重社会性的比较。这种社会性比较既有跨越时间维度的，也有跨越社会维度的，包括与过去的比较（社会记忆和个体记忆）、与未来的比较（社会期望）、与他人的比较（社会群体），且这三种比较对幸福感的影响还有一个重要的中介变量——社会建构。

　　社会记忆。个体的脑海中除了关于某些个体生活片断的记忆外，还留有对某一特定时代的记忆痕迹，而这种特定时代的记忆痕迹影响了个体的幸福感。笔者出生于20世纪70年代末期，在笔者的记忆中，童年和青少年时代所生活的农村地区物质生活非常贫乏，科技发展比较缓慢。笔者对20世纪90年代的记忆就是"穷开心"，物质不是特别丰富，甚至可以称得上贫穷，但是比较开心。物质生活不十分丰富、生活科技化水平不十分高、生活压力不特别大、生活节奏不特别快是停留于笔者脑海的那个时代的感受。像笔者的大学年代，没有一位班级同学有自己的电脑，生活非常简单。每天穿梭于校园中上课，闲来有空的时候听听收音机中的音乐和新闻，双休日同学们一起爬山，每天上午课间休息的时候等着生活委员取信件，一辆破自行车能够带着我们环绕西湖游玩。简单的生活，却充满欢乐。同学们之间有最真诚的沟通渠道，经常可以面对面交流，嬉戏中、教室里到处留下了我们的足迹。那时候我们的口袋里经常只留下买方便面的钱，但是没有窘迫的感觉。那个年代的社会记忆对现在的幸福感受产生了影响和冲击。在经历了科技进步所带来的便捷，经历了经济发展所带来的物质条件

---

[1] 王建民：《幸福感的社会性及其中国语境》，载《光明日报》2007-11-27。

的进步后,压力感却慢慢弥漫和扩散。怀念多年前的"贫乏",没有电脑,没有手机,没有网络,却有慢节奏的生活和简单的幸福。那个年代的"轻松"和现在的"忙碌"形成了鲜明的对比。个体的幸福,部分来源于与自己社会记忆的比较。

社会期望。与社会记忆相比,社会期望可能没有那么的具体。从时间的维度,社会记忆指的是过去的社会痕迹,而社会期望指向未来。社会期望是指人们对未来社会的一种期望。我们所期望的未来社会是怎么样的,我们所期望的未来社会中的自己是怎么样的。这种社会期望也会对个体的幸福感产生影响。如个体的社会期望是积极的,如未来物质条件会更丰富,但当社会经历了发展的突变期,会变得趋于稳定,生存压力会变轻,这种积极的社会期望对其现在的幸福感会有积极的影响;如果个体的社会期望是消极的,如未来物质条件会更丰富,但通货膨胀也会更严重,人们的生活成本会更高,生存压力更大,且贫富差距会越来越大,这种消极的社会期望对其现在的幸福感会有消极的影响。

社会群体。人具有社会性,总是生活在一定的社会群体之中,包括学习群体、工作群体等。个体总是希望获得社会群体中其他人的认可,并在他人的认可与支持中获得自信与幸福。社会心理学中有一个重要的心理效应——"焦点效应",焦点效应(Spotlight Effect)是人们高估周围人对自己外表和行为关注度的一种表现。[1] 如个体在一次会议中作了一个报告,在作报告的过程中出现了一个小失误。那么个体在之后的几天时间内,会感到不安,为自己出现的失误耿耿于怀,觉得别人会记住。这就是焦点效应的表现。事实上,焦点效应是个体社会

[1]《焦点效应》, http://baike.baidu.com/view/3106531.htm.

认知偏差的一种体现，在社会生活中，每个人都存在焦点效应，那么结果是什么呢？每个个体都只关注自己的行为，而不会过分关注他人的行为。所以个体没有必要太过于关注他人对自己行为的看法，因为他人并没有如关注他们自己一样关注你，个体所认为他人对自己的关注只是一种认知偏差。虽然是一种认知偏差，个体确实存在这种焦点效应，即个体的感受与社会群体中他人对自己的认可和支持有关，即便他人的认可或不认可很多时候只是个体的一种感受。个体的幸福感受其所在的社会群体的影响。来自社会群体的影响实际上也是个体的一种社会比较，与社会群体中的他人所进行的比较，以及从中获得的社会认同。

社会建构。个体的人生观、价值观、精神信仰等不是一蹴而就的，而是在成长过程中，在与社会环境的互动过程中，逐渐形成的。个体从社会环境中接收大量的信息，这些信息经过个体的主动建构而逐渐成为个体人生观和价值观的一部分，并逐渐成为稳定的内容。个体接收社会信息的渠道和途径包括大众传媒、网络平台资源等，但个体对这些信息的接受并不是完全被动，而是主动建构的。如网络媒体中发布的中国国内生产总值的报道，以2005年为例，"2005年中国全年国内生产总值（GDP）为182 321亿元，比上年增长9.9%。在2005年全球国民生产总值排名中，高居第六。但是，在经济取得如此举世瞩目的辉煌成就的同时，我国国民的生活幸福指数却并没有同步快速增长。中国社会科学院最新的调查显示，2005年，只有72.7%的城乡居民感觉生活是幸福的，比上年下降了5个百分点。"[1] 这则新闻的目的是追问

[1]《中产也很脆弱：中国人的幸福感哪里去了》，http://view.news.qq.com/a/20060626/000068.htm.

经济发展了，但是人们的幸福哪里去了。这是主流媒体及中国社科院发布的信息，对于这则客观的社会新闻，不同的个体有不同的建构。有些个体认为这则新闻关于城乡居民幸福感的调查数据可能存在不准确性，人们的幸福感还是会随着经济增长而提升；而另外一些个体则认为经济增长对人们幸福感提升没有必然的影响关系，经济增长一定程度上增加了人们的负担，并不一定就是积极的事情。对同一社会新闻的不同建构，对个体的幸福感存在影响。

应该说，个体的自我比较与社会比较无处不在。在电影《求求你，表扬我》中，记者问：你说什么是幸福？农民工答："幸福啊？幸福就是我饿了，看见别人拿了个肉包子，那他就比我幸福；我冷了，看见别人穿了一件厚棉袄，那他就比我幸福。"这段回答乍听令人发笑，但其中却包含了至少三层含义，一是拥有肉包子和厚棉袄的人要比缺衣少食的人幸福；二是要得到幸福的感觉，你得懂得满足，懂得珍惜；三是比较无处不在，人们幸福与否很大一部分存在于与他人的比较之中。[1] 在物质条件基本得到满足的情况下，精神层面的富足与追求对现代人获得幸福具有更重要的意义。

---

[1]《如何用数字表达幸福》，http://view.news.qq.com/a/20060919/000085.htm.

第四章

儿童的幸福与比较

第一节　儿童的幸福

从古至今，人类在探寻什么是幸福时，主要是围绕着成人对幸福的理解而展开的，很少专门涉及儿童。在我们看来，儿童的心理发展尚未成熟，缺乏对幸福的认知能力，一直以来被排除在探讨幸福问题的大门之外。其实，儿童已有一定的生活体验，经历过多种情绪体验，对幸福的判断虽然稚嫩，但却有他们自己的标准。因此，追求幸福不仅是成人的愿望，儿童同样有追求幸福的权利。

然而，儿童究竟是如何理解幸福的？在他们的眼里，什么是幸福？事实上，国内外对儿童幸福的研究并不是很多，涉及儿童幸福感的研究主要包括儿童如何影响父母的幸福感和生活满意度，或者童年经历如何影响儿童未来的发展。[1] 国内学者骆玎根据苗元江（2003）对幸

---

　　[1] Mark D.Holder, Ben Coleman.The Contribution of Social Relationship to Children's Happiness. *Journal of Happiness Studies*, 2009,（10）：330.

福感的定义给儿童幸福感作出明确的界定：儿童幸福感是儿童与现实生活情境的协调及自我达到完满统一的自我认同及自我欣赏的感觉，是儿童对其生活满意度及其各个方面的全面评价，包括由此而产生的积极性情感为主的心理感受，并对儿童一生的发展具有重大意义。[1]儿童幸福既是儿童身之所处的客观的幸福生活，又是儿童主观上对幸福生活状态的一种积极心理体验，即儿童对幸福的自我知觉。

随着儿童认知水平的发展，情绪体验的不断累积，他们对幸福的理解也在不断升华。孩子有自己的思想，能够体味幸福的感觉。史谨运用实证研究的方式证明了儿童对幸福有不同于成人的独特见解，儿童认为幸福的事情是有家人的爱、朋友的陪伴、自由玩耍、受人喜欢。[2]从这些具体的描述可以看出，儿童对于幸福的理解简单细致，他们对幸福的感知大多是围绕生活中经历的人和事，把生活中具体的事件和内心的情感经验联系起来，因此相对于成人而言显得朴素和纯真。

此外，儿童的心理随着年龄的增长变化很快，不同年龄阶段的儿童对幸福的理解不同，对幸福和生活满意的预测因素也不同。[3]因而，对于儿童幸福感的研究通常都限定在一定的年龄阶段，目前仅有的研究涉及的是6岁以上的儿童，极少涉及6岁以下儿童的幸福。[4]霍尔德

---

[1] 骆玎：《"一切为了儿童的幸福"——论儿童幸福感研究的价值、视角和归宿》，载《教育探索》，2009（5）。

[2] 史谨：《儿童幸福观之比较研究——透视儿童与家长眼中的"儿童幸福"》，河南大学2008届硕士学位论文。

[3] Mark D.Holder, Ben Coleman.The Contribution of Temperament, Popularity, and Physical Appearance to Children's Happiness. *Journal of Happiness Studies*, 2008，（9）：280.

[4] 史谨：《儿童幸福观之比较研究——透视儿童与家长眼中的"儿童幸福"》，河南大学2008届硕士学位论文。

和科尔曼（2008，2010）研究 9-12 岁阶段的儿童，克拉森（2008）选取了 8-12 岁的儿童为研究对象，这对于今后研究对象的年龄拓展具有重要的启示作用。

毋庸置疑，儿童期的幸福感对人的一生具有重大的影响。人只有在儿童期充分地感受关心与呵护，感受生活的美好，才能形成积极乐观的生活态度，树立勇敢迎接未来的信心。因此，对儿童幸福感的研究显得意义非凡。透过儿童的眼睛看到他们的幸福，使人们更多地了解儿童的世界，从而使儿童健康地成长。

第二节　影响儿童幸福的因素

对于成人与幸福感影响因素的研究开展较为广泛，而涉及影响儿童幸福感因素的研究则起步不久，文献资料也非常有限。显然，与成人幸福感研究不同，一些社会因素并不适用于儿童，如工作满意度、婚姻等。另一方面，某些因素与成人幸福感的研究结果相一致，一些人口统计学变量如性别、年龄等对儿童的幸福影响较少（Holder & Coleman，2008）。本书主要从儿童内部和外部这两个方面来分析影响儿童幸福的因素，主要的内部因素包括人格、性格等自身差异，外部因素包括家庭、伙伴等。

一、影响儿童幸福的内部因素

人格、性格等作为个体高度稳定的特质，与幸福感的关系如前一节所提到。众多的研究表明，人格特质与幸福感有高度的关联，外倾性的成人幸福感较神经质的人群高。同样，低神经质的儿童往往呈现高幸福感。[1] 霍伯纳（1991）研究结果显示，孩子们的生活满意度与外倾性人格正相关，与内向性人格呈负相关。[2] 霍尔德把儿童的性格分为四类：非常外向、有点外向、有点内向、非常内向，发现非常外向的孩子比有点外向的孩子幸福感更强烈，有点外向的则比内向的更幸福。[3]

帕克和皮特森对儿童人格特质优势与幸福感的关系进行过系统研究[4]，研究对象为家里有3—9岁儿童的家长，研究方法为内容分析法。研究的指导语为："我们想了解儿童的个人特质，你有3—9岁的孩子吗？研究的目的是想了解你的孩子，大概需要花费您15—20分钟时间。""我们对您孩子的个人特质感兴趣，您能告诉我们相关的内容以便我们更好地了解他（她）吗？任何一个有关您孩子的小细节我们都感兴趣，请把您的答案写在下面的表格里，请您尽可能地多写，甚至可以写一些关于您孩子的小故事。非常感谢！"

被试中有些是父亲，有些是母亲，有个别是祖父母。他们的孩子年龄分布在3—9岁之间，男孩345人，女孩335人，以中年级学生居多；39名儿童曾经有过严重的疾病，641名儿童没有；独生子女136人。

根据家长对孩子人格特质的描述，研究者进行了如下编码，编码结果见表4-1。

---

[1] Mark D.Holder, Ben Coleman.The Contribution of Temperament, Popularity, and Physical Appearance to Children's Happiness. *Journal of Happiness Studies*, 2008，（9）：280.

[2] Mark D.Holder, Ben Coleman.The Contribution of Temperament, Popularity, and Physical Appearance to Children's Happiness. *Journal of Happiness Studies*, 2008，（9）：281.

[3] Mark D.Holder, Ben Coleman.The Contribution of Temperament, Popularity, and Physical Appearance to Children's Happiness. *Journal of Happiness Studies*, 2008，（9）：291.

[4] Nansook Park, Christopher Peterson.Character Strengths and Happiness Among Young Children: Content Analysis of Parental Descriptions.*Journal of Happiness Studies*, 2006，（7）：323-341.

表 4-1 　　　　　　　　　　　　编码结果举例

特质优势	举例
欣赏美	喜欢观赏绘画，听古典音乐
真实	经常说真话
勇敢	不害怕做任何事
创造性	在音乐、艺术、舞蹈、写作等方面有天赋
好奇心	对任何事感兴趣，经常提问
公平	坚持平等对待
宽恕	从来不会有不满
感激	经常感谢别人
乐观与希望	经常看到事物好的一面
幽默	经常讲笑话，让我发笑
亲切	帮助别人
领导力	第一个在前面领走，其他小朋友跟着
爱心	有亲密的朋友，疼爱幼小的弟弟，是爸爸的好女儿
热爱学习	喜欢阅读，喜欢学校
谦虚	让其他人散发光芒
开放的思想	经常考虑事件的各个方面
坚持不懈	在各个方面都非常努力
有观点	经常在朋友间辩论
充满远见和智慧	小心谨慎
笃信	和家人一起祷告
自我调节	很好的遵守规则
社会智力	总是知道我的感受
小组合作	与同伴合作愉快
热情与兴趣	充满能量

注：引自 Nansook Park, Christopher Peterson. Character Strengths and Happiness Among Young Children: Content Analysis of Parental Descriptions[J]. *Journal of Happiness Studies*, 2006, (7): 323–341.

之后，研究者根据家长对儿童幸福的描述，对儿童的幸福进行了赋值，采用7点计分量表。"7"代表最幸福，"1"代表最不幸福。儿童幸福感的平均得分是2.89，标准差为2.21。研究者对儿童的特质优势和儿童幸福感之间的关系进行了统计分析，认为儿童的乐观与希望、爱心、热情与兴趣与儿童的幸福感存在显著相关，其他特质优势与儿童幸福感之间不存在显著相关。

霍尔德和克拉森对儿童的气质与儿童的幸福感之间的关系进行了研究。[1] 他们以311名9~12岁儿童为被试，采用情绪性、活动性、社交性气质调查表（Emotionality, Activity, Sociability Temperament Survey, EAS）测量被试的气质，并采用牛津幸福感调查问卷（The Oxford Happiness Questionnaire Short Form）测量被试的幸福感。结果表明，被试气质得分能够解释9%~29%的幸福感，儿童社交性及活动性得分越高，情绪性、焦虑、害羞得分越低，则越幸福。这一结果与成人气质与幸福感关系的研究结果高度一致，在成人相关研究中，外倾性（社交性）与幸福有积极联系，神经质（情绪性）与幸福感有消极联系。

儿童的气质和性格能够解释儿童的幸福感，但只能解释小部分。除了气质和性格外，儿童的认知方式，场独立性或者场依存性等也有可能影响儿童的幸福感。有些儿童的认知极容易受其所生存的外部环境影响，认知不具有独立性；而有些儿童的认知受自己内在因素影响，不容易被外部环境左右，这两种不同的认知方式对儿童的幸福感存在不同的影响。

情绪和情感对孩子的幸福感也存在影响。如情绪智力与儿童幸福感的关系。高德曼（Goldman）认为，情绪智力的内涵包括认识自己的情绪、妥善管理自己的情绪、自我激励、认识他人的情绪、人际关

---

[1] Mark D. Holer, Andrea Klassen.Temperament and Happiness in Children. *Journal of Happiness Studies*, 2010,（11）：419–439.

系的管理五种能力。[1] 陈麒龙等的研究表明，情绪智力中的妥善管理自己的情绪、自我激励、人际关系的管理三种能力与儿童的幸福感存在显著关系，而认识自己的情绪和认识他人的情绪两种能力对幸福感并无显著影响。[2] 对此，一种可能的解释是认识自己和他人的情绪仅仅停留于认知层面，妥善管理自己的情绪、自我激励和人际关系的管理三种能力属于行动层面，对幸福感来说，仅有认知的改变还不够，还需要有实践的行动。对儿童来讲，知道自己经常对他人生气还不够，儿童还是会觉得不幸福，关键是能够管理好自己的情绪，改变对他人的态度，与同伴建立良好的人际关系。卡特（Carter，2005）也认为幸福的根源能够通过积极的想法和良好稳定的情绪来滋养，尤其是经过情商的使用而生根、发芽、结果。[3]

在所有影响儿童幸福感的内部因素中，目前的研究较多集中于儿童性格、气质等人格因素对儿童幸福感的影响。而情绪情感等对幸福感的影响作用还没有受到研究者的重视。其他的如儿童精神信仰对幸福感的影响等有少数研究者进行过关注。笔者认为影响儿童幸福感的内部因素非常复杂，从幸福感兼具主观性和客观性的特点看，个体主观内部因素对幸福感的研究需要进一步关注，如儿童认知上所进行的比较。

二、影响儿童幸福的外部因素

儿童所生活的外部环境包括社会环境、家庭环境和学校环境，相

---

[1] 陈麒龙：《国小学童情绪智力与幸福感、人际关系及人格特质之相关研究》，（台湾）屏东师范学院2001届硕士学位论文。

[2] 陈麒龙：《国小学童情绪智力与幸福感、人际关系及人格特质之相关研究》，（台湾）屏东师范学院2001届硕士学位论文。

[3] 史瑾：《儿童幸福观之比较研究——透视儿童与家长眼中的儿童幸福》，河南大学2008届硕士学位论文。

对于成年人，外部环境对儿童幸福感的影响具有独特性。

（一）社会环境对儿童幸福感的影响

对儿童而言，他们没有真正进入社会并融入社会生活，他们对社会的了解更多来源于网络、新闻媒体报道等渠道，没有太多的亲身经历和体会，因此他们所生活的社会环境对幸福感的影响相对较弱。儿童越年幼，社会环境对其影响越弱。不过，社会环境对儿童的影响作用相对较弱，并不是指我们可以忽略这种影响作用，特别是社会价值观对儿童幸福观的引领作用。如社会环境中的公平观，金钱观等的影响作用。21世纪是个多元化的社会，多种价值观碰撞和并存，但有些价值观对儿童的影响带有消极性，如"金钱万能观"。现在很多孩子觉得学习没有太大作用，学习好不如以后赚钱多，从而导致学习的内在动机不强，缺乏学习的兴趣，自然很难从学习中获得快乐。这种金钱观与现在整个社会的价值导向有一定的关系。还有社会的恋爱观，很多年幼的儿童都会哼唱"嫁人要嫁灰太狼"。特别是网络文化的流行，儿童接触网络的机会增加，网络上的各种信息对儿童都会产生不小的冲击，而儿童的心理发展水平与成人具有一定的差距，对于各种信息的真伪不能准确判断，在人生观和价值观塑造的关键时期受到各种信息的消极影响，会产生各种混乱的价值观。

社会环境对儿童幸福感的影响作用可能不是直接的，但它会通过对儿童人格等的塑造来影响儿童的幸福感。像社会价值观中的以成败论英雄，儿童并不能够准确理解"成败"的内涵，如果没有适当的引导，他们会形成自己关于成败的概念，并用于评价自己的行为。在很多儿童心中，成败就是考试成绩的成败，考试成绩是最重要的，其他性格等人格塑造的内容或考试以外的其他能力的培养都不重要，所以我们有很多"高分低能"的孩子，也有很多自私自利的孩子。可以预见，这样的孩子，在人生道路中很难真正理解什么是幸福，也很难获得真正的幸福。

(二) 家庭环境对儿童幸福感的影响

家庭作为孩子成长的核心环境，与孩子的健康成长息息相关，也对孩子的幸福感存在重要影响。

全国少工委办公室与中国青少年研究中心于 2005 年 3 月联合开展了"当代中国少年儿童发展状况"调查。调查共在广东、福建、山东、广西等 10 个省（区）的 46 个区县 184 所中小学发放问卷 5589 份，回收问卷 5438 份，回收率为 97.3%。在"人生最大的幸福是什么？"这一问题上，53.9% 的被调查儿童认为是"有温暖的家"，36.1% 的儿童认为是"有知心朋友"，这两个选项分别排在第一和第二位。[1]

史瑾对儿童的幸福观进行过调查，了解儿童认知中的幸福的内涵。208 名幼儿园阶段的儿童接受了调查，表达了他们对幸福的理解。调查结果表明，儿童认为幸福是：[2]

和家人在一起（124 人）

有好朋友（86 人）

实现自己的理想（56 人）

受人喜欢（43 人）

身体健康（43 人）

长大为社会做事（23 人）

---

[1] 当代少年儿童发展状况课题组：《中国少年儿童发展状况调查报告》，载《中国青年研究》，2006（2）。

[2] 史瑾：《儿童幸福观之比较研究——透视儿童与家长眼中的儿童幸福》，河南大学2008届硕士学位论文。

每天自由自在（23人）

其他（6人）

2011年5月发布的中国少年儿童十年发展状况研究报告(1999 – 2010)表明，在幸福观上，当代少年儿童的幸福取向存有多样性，但多数注重个人幸福和为社会作贡献的统一。2010年调查显示：他们注重"个人小幸福"，"有温暖的家"(58.6%)和"有知心的朋友"(38.5%)成为最普遍认可的两项幸福指标；"为社会作贡献"(24.3%)、"健康"(21.4%)是认同度较高的两项人生幸福指标。[1]

上述三个调查开展的时间跨度近十年，调查对象包括了幼儿园儿童、中小学儿童，但在研究结果上具有一致性，即在儿童的认知中，最大的幸福均与家庭有关，或者是和家人在一起，或者是有温暖的家。对儿童来讲，并没有深刻地融入社会生活的印象，家庭和学校是他们生活的重要场所，特别是家庭，家庭关系的重要性对儿童不言而喻。和睦的家庭环境、和谐稳定的亲子关系有利于给儿童提供一个安全舒适的心理环境，也有利于稳定和平衡的人格发育。

在家庭环境对儿童幸福感的具体影响上，家庭教养方式与儿童幸福感关系的研究较多。父母的一言一行对孩子有着直接的影响，所以家庭教养的方式对儿童的发展起着不可忽视的作用。鲍姆林德(Baumrind)曾经进行过父母教养模式与儿童个性特点之间的研究，认为权威型的父母能促进孩子养成自信、独立、合作、积极、乐观、善社交等良好的性格品质。[2] 这些良好品质的养成势必能增加儿童的

---

[1]《中国少年儿童十年发展状况研究报告（1999-2010）发布》，http://www.587766.com/news2/24369.html.

[2] 边玉芳：《儿童心理学》，43页，杭州：浙江教育出版社，2009。

幸福感。郑立新对小学高年级儿童的主观生活质量的影响因素进行了初步研究，发现儿童的生长环境特别是父母养育方式对其幸福感有明显的影响，父母情感温暖养育方式对儿童幸福感呈正性影响，拒绝否认养育方式则呈负性影响，父母偏爱对儿童情感满意度的影响较大，母亲受教育程度、家庭结构等均对儿童幸福感产生不同程度的影响。[1]

除了家庭教养方式外，考虑到幸福感是主观性和客观性统一的产物，笔者认为家庭条件和家庭结构的完整统一等因素对青少年的幸福也存在影响。在一些青少年犯罪的极端案例中不难发现，青少年犯罪的原因与家庭条件差及父母离异等因素有很大关系。犯罪的孩子很难与幸福相联系，但家庭要承担较大的责任。因为儿童的认知不如成年人理智，他们的认知水平仅仅停留于他们所处年龄阶段的水平，如果家长没有引导孩子正确认识贫困和家庭的分离，可能会对孩子的情绪和行为造成消极影响。贫困等因素可能不会对儿童的幸福感直接产生消极影响，但是如果家长引导不当，使得儿童把这些与幸福感没有直接必然联系的客观因素与幸福感划上等号时，其消极影响就会产生。

同时，成年人和儿童对于幸福的理解存在偏差。对成年人来讲，让孩子幸福的事就是努力工作，尽量改善家庭条件，为孩子提供更好的物质条件。虽然家庭条件是影响儿童幸福的家庭因素，但是如果以牺牲和孩子的相处时间为代价，那么其必要性值得深思。如果父母因为工作等各种原因，没有太多时间陪伴孩子，孩子就会感觉不快乐。在很多孩子看来，父母的陪伴比其他因素都重要。

---

[1] 丁新华，王极盛：《青少年主观幸福感研究述评》，载《心理科学进展》，2004（1）。

（三）学校环境对儿童幸福感的影响

儿童有很大一部分时间生活在学校中，学校环境对儿童的幸福感也存在影响。学校环境主要包括教师因素、同伴、儿童学业表现及成就等因素。

教师对儿童的幸福感有很大影响，特别是对于低年龄阶段的儿童，如对幼儿园阶段的儿童和小学阶段的儿童。这些年龄阶段儿童的行为动机以外在动机为主，缺乏足够的内在动机，其行为表现更多的是为了获得外界的认可，并从中获得需要的满足感和快乐感。教师是他们获得认可的一个主要对象。很多家长都感叹，对自己的孩子来说，老师的话就是圣旨，老师说什么孩子就听什么。可见，教师对这一阶段儿童积极心理的重要影响。我们提倡教师欣赏每一个孩子，培养孩子的自信心，肯定孩子的每一个进步，让孩子充满快乐和幸福。教师与孩子相处过程中的一些不当行为，可能会对孩子的幸福产生长期的消极影响。在很多教师的认知中，教育是为了孩子将来的幸福，牺牲孩子现在的幸福是为了他们将来的幸福，因此，重视考试分数、忽略儿童人格培养等教育过程中的怪现象层出不穷。只有教师的教育理念真正以素质教育为基础，才能培养真正意义上幸福的儿童，关注并珍惜儿童当下的幸福尤为重要。

除了父母和教师之外，儿童接触最多的就是自己的同伴，良好的伙伴关系成为儿童幸福的一个源泉。同伴关系主要是指同龄人或心理发展水平相当的个体间在交往过程中建立起来的一种关系。[1] 同伴可以为儿童提供更多玩耍、交往和娱乐的机会，给予儿童稳定感和舒适

---

[1] 边玉芳：《儿童心理学》，53页，杭州：浙江教育出版社，2009。

感，其作用无法替代。斯特雷耶（Strayer，1980）的研究表明，表现得幸福的孩子，大多会经常想起与其他伙伴一起的积极反应，包括语言和行动上的支持。[1] 霍尔德（2008）发现，那些经常有创意的儿童在玩耍或进行体育活动时不容易被伙伴落下，他们的幸福指数更高。[2] 也就是说，受伙伴欢迎的孩子往往体会到更多的快乐，相反，那些不太合群的、朋友较少的儿童情绪上稍显低落。

儿童学业表现及成就对儿童的幸福感也存在影响。在我国的考试制度及升学制度进行根本性变革之前，学业成绩对儿童的影响无法忽视。在儿童看来，自己快乐或者幸福与否与学业表现有很大关系，学业成绩好就幸福，学业成绩不好就不幸福。2011年，广东省社会科学院青少年成长教育研究中心与某杂志社联合广东省深圳等十大城市的青少年宫，在全省范围内针对4500名学生和家长进行了调查，形成了《2011年广东省十城市新一代父母亲子幸福感调研报告》，其中，在《孩子的幸福感》调查问卷中，对于"你觉得怎样才幸福"，有76.19%的孩子选择了"教育成绩好"这个选项，而选择此选项的学龄儿童（6岁及以上）占比高达97.44%。[3] 这一调查结果表明了学业表现对儿童幸福感的重要影响。当学业成绩不好的时候，父母及教师对儿童的失望，儿童自己学习动机的缺乏等均是儿童感觉不幸福的导火索。

从上述内容可知，儿童的幸福感除了与儿童自身的内在因素有关

---

[1] Mark D.Holder, Ben Coleman.The Contribution of Social Relationship to Children's Happiness. *Journal of Happiness Studies*, 2009,（10）: 345.

[2] Mark D.Holder, Ben Coleman.The Contribution of Temperament, Popularity, and Physical Appearance to Children's Happiness. *Journal of Happiness Studies*, 2008,（9）:292.

[3]《中国的孩子丧失了幸福感吗？》, http://www.wyzxsx.com/Article/view/201106/238251.html.

外，与儿童所处的外部环境也有很大关系，特别是家庭环境和学校环境。但目前来看，家庭教育与学校教育的主体之一——家长与教师，在儿童幸福感培养上存在一些认识的偏差，这些偏差对儿童幸福感存在消极影响。主要有以下几个方面：[1]

第一，用成人的视角看儿童的需要。

对于"什么是幸福"这一问题，成人和儿童的理解是不一样的。笔者在后续的访谈过程中，就遇到过这样一个情况。笔者请一位家长回去访谈一下自己的孩子，请孩子告诉家长"对他（她）来说什么是幸福"。这位家长马上问笔者："'什么是幸福'这个问题我都无法理解和回答，孩子怎么会理解呢。而且，都不需要问孩子，孩子肯定回答玩的时候最幸福了。玩的时候怎么可能是最幸福的呢，孩子小，不懂事，不知道什么对他来说是最重要和最幸福的。"可能这个家长的态度代表了千千万万普通家长的态度。孩子心中的幸福不是家长认可的幸福，这就是儿童与成年人幸福观的偏差。家长在理解孩子的幸福时，更多地把其与孩子的一生联系起来，家长对孩子的教育和培养行为都是为了孩子未来的幸福，而不是现在的幸福。所以很多孩子的课余时间在家长的安排下变成了补习时间。孩子未来是否幸福笔者不敢断定，但在各种补习中度过的孩子应该是不幸福的。

第二，对儿童学习认识的偏差。

卢梭在其经典名著《爱弥儿》中有一段十分明了的表述：一个成年人确实必须知道许多对儿童似乎无用的东西。可是，成人所应当知道的一切，难道儿童都该学、都能学吗？把做儿童时用得着的东西教

---

[1] 虞永平：《幼儿教育与幼儿幸福——对幼儿教育的一种反思》，http://www.pep.com.cn/xgjy/xqjy/yjyj/yjts/gnxw/201008/t20100823_702306.htm.

给儿童,你可以见到那已是很够他忙的了。为什么要叫他去求那也许
终生都用不着的学问,而忽略那些足以满足他现时需要的学问呢? [1]
成人在对儿童的教育中,有时候会有一种近乎理想化的想法——为了
让孩子少走弯路,竭尽所能地想把自己所有的领悟和人生体会都教给
孩子。但这是多么的不现实,成人花了几十年领悟的道理,如果没有
人生经验的积累,自己可能都无法领悟,儿童又怎能领会呢。儿童不
需要成人的人生经验和体验,他们会用自己的一生去体验生活、体验
自然、体验一切。成人所需要的不一定是儿童所需要的,家长和教师
应该理解儿童并尊重儿童。

第三,用成人的视角看儿童的学习。

很多家长和教师都不能真正理解什么是学习。孔子曾提出学习
过程包括"立志—博学—审问—慎思—明辨—时习—笃行"七个阶
段。[2] 所以学习并不局限于学校或者课堂教学与学习,那是对学习狭
义的理解。应该在一个更宽泛的概念或者空间上来理解学习。家长
和教师认为儿童在活动或者在玩的时候就不是学习,只有在做作业、
看书的时候才是学习,这些都是对儿童学习的认识偏差。蒙台棱利
在50多年前就揭示了这一点:"儿童对活动的需要几乎比对食物的需
要更为强烈。……如果我们给他这个活动场地,我们将会看到,这
些从来不能满足的使人苦恼的小孩现在转变成为愉快的工作者。出
名的破坏者变成他周围器物的最热心的保护者。一个行动和活动杂
乱无章的吵闹喧嚷的孩子,转变成为一个精神宁静、非常有秩序的

　　[1]虞永平:《幼儿教育与幼儿幸福——对幼儿教育的一种反思》,http://www.pep.com.
cn/xgjy/xqjy/yjyj/yjts/gnxw/201008/t20100823_702306.htm.
　　[2]皮连生:《教育心理学》(第3版),17页,上海教育出版社,2004。

人了。"[1] 家长和教师应该对儿童学习形成正确和积极的认识。

当然，我们对儿童幸福感进行研究的根本目的，不在于单纯描述与幸福感相关的各种因素，而是希望探索儿童获取幸福的可能途径，并通过各方的努力创造更多的幸福机会，让儿童感受和体验真正的快乐和幸福。

第三节　儿童的比较与幸福

如前所述，幸福是主观的也是客观的，幸福具有比较性。对儿童而言，虽然其比较的内容相对于成人来说可能较简单，但其幸福同样具有比较性的特点。上述影响儿童幸福感的主客观因素是否能够真正对儿童的幸福感起影响作用，最终需要通过儿童主观认知的建构，而儿童所进行的比较是这种主观认知建构的重要途径和方式。

笔者曾经接触过这样一个孩子，因为父亲工作的调动，他跟随父母从原来一个经济发展相对缓慢的城市来到一个经济发展较快速的城市。有一天晚饭，妈妈给孩子做了三个菜，孩子很不高兴地说："妈妈，以前在B城市的时候，你晚饭都是做四个菜，我觉得现在一点都不开心，还不如以前的生活。"从这个孩子身上可见，比较（此处为自我比较）随处发生，且影响了孩子对生活的满意度及对幸福的感受。

儿童的比较从比较的对象来看，同样包括与他人比较、与自己的过去和早期生活比较、与自己的理想和所期待生活比较。简单来说，即儿童的自我比较与社会比较。

---

[1] 虞永平：《幼儿教育与幼儿幸福——对幼儿教育的一种反思》，http://www.pep.com.cn/xgjy/xqjy/yjyj/yjts/gnxw/201008/t20100823_702306.htm.

一、儿童的社会比较与儿童的幸福

社会比较理论是美国社会心理学家利昂·费斯汀格（Leon Festinger）在1954年提出来的构思，是每个个体在缺乏客观的情况下，利用他人作为比较的尺度，来进行自我评价。[1] 社会比较有时候就如同镜子的作用，很多情况下，个体包括儿童对自己的能力等各方面并不自信，也不能形成准确的判断，他们需要通过他人的肯定来达到一种自我的肯定，或者需要以他人为比较的标尺来获得对自己的一种评价。对儿童而言，社会比较的动机、对象、内容及比较后情绪均会对儿童的幸福产生影响。

儿童的社会比较普遍存在，如学习成绩的比较、所拥有玩具的比较等。对孩子来说，某次期中考试考了90分。从百分制的90分来看，应该是比较不错的成绩，但是孩子还是觉得闷闷不乐，家长也不开心。因为90分的成绩在班级里才排第10名，这是孩子和家长所不能接受的。这实质上就是一种社会比较，分数没有绝对标准，只是相对的。因此，由分数所带来的快乐或情绪体验也不是绝对的，是相对的。学校教育过程中，对学生学习成绩的排名是一种隐性的社会比较，对学生来说可能不是主动进行的，是被动的，但在实质上会对学生的感受产生影响。

黄建荣的研究认为，儿童社会比较的动机包括自我评估（self-evaluation）、自我改善（self-improvement）和自我拉抬（self-enhancement）三种。社会比较的对象包括向上比较（upward comparison）、向下比较（downward comparison）和平行比较（lateral comparison）三种；

---

[1]《社会比较理论》，http://baike.baidu.com/view/2134070.htm.

社会比较的内容包括价值、道德、能力等各方面的比较；社会比较在结果上既有可能带来正面情绪，也有可能带来负面情绪。[1]

依据黄建荣的观点，三类比较动机中，自我评估主要是为了确定自己的现状，即自己在群体中的地位，自我改善是希望通过与他人比较来提高和发展自己，自我拉抬则是通过与他人比较来维护自己的自尊；三类比较对象中，向下比较是儿童与各方面表现均不如自己的人所进行的比较，平行比较是儿童与各方面表现均与自己相似的人所进行的比较，向上比较是儿童与各方面方面表现均优于自己的人所进行的比较；比较内容上，学习成绩、地位、家庭条件、外表、道德水平、人际关系、特长表现等，均会成为社会比较的内容。而持有不同动机，与不同对象进行的不同内容的社会比较，对个体的情绪、认知及行为产生影响。而情绪、认知及行为的变化也同样影响儿童的主观幸福感。

在情绪反应上，向上比较信息比向下比较信息较能引发负向的情绪反应，而向下比较信息比向上比较信息更能引发正向的情绪反应，这是一种正常的心理现象。儿童经常与比自己表现优秀的人进行比较，发现自己不如他人时，不可避免地会产生"失落""挫折""回避"等消极的情绪反应；当儿童与各方面表现不如自己的人进行比较时，发现自己在很多方面比他人优秀，则会产生"喜悦""自信"等积极的情绪反应。除了比较方向外，儿童的个人特质等因素也能影响情绪反应。如儿童的认知风格，场独立性的儿童比场依存性的个体更不容易受比较结果的影响，更具独立性；又如儿童的自尊，在社会比较之后，高自尊者比低自尊者更有可能出现积极的情绪反应。此外，比较内容重

---

[1] 黄建荣：《国小学童社会比较与自我比较之质化研究》，（台湾）屏东师范学院2005届硕士学位论文。

要性程度、比较对象与自己的亲密程度等因素也会影响比较者的情绪反应。[1]

在认知反应上，儿童与具有相似相关特质的他人进行比较时，其自我评价会因而降低；相反，进行向下比较时，其自我评价会提高。另外，个人的自尊会影响其自我评价，高自尊者比低自尊者更有可能因为向下比较信息而提高自我评价，而较不受向上比较信息影响。低自尊者比高自尊者更有可能因为向上比较信息而降低其自我评价，不易受向下比较信息的影响。[2]

在行为反应上，向上比较比向下比较在儿童的行为上更具正向鼓励效果。这与儿童情感情绪反应的影响作用相反。由于向上比较对象具有榜样作用，虽然个体情绪上可能会感到失落，但在行为上却会产生模仿效应，从而改进个体的表现。[3]

社会比较是复杂的心理和行为过程，社会比较所形成的儿童的情绪反应、认知反应和行为反应并不具有必然模式，随着情境的变化而发生改变，我们应该有机地看待儿童的社会比较及其比较的后果。

如果我们把个体的社会比较分成积极比较和消极比较两种类型的话，进行积极比较的儿童，在社会比较上，应该更多表现出这样的特点：更多持自我改善的动机，比较不是为了维持自己的自尊，也不是为了确认自己的地位，而是为了改善和提高自己，这是一种相对较健

---

[1] 黄建荣：《国小学童社会比较与自我比较之质化研究》，（台湾）屏东师范学院2005届硕士学位论文。

[2] 黄建荣：《国小学童社会比较与自我比较之质化研究》，（台湾）屏东师范学院2005届硕士学位论文。

[3] 黄建荣：《国小学童社会比较与自我比较之质化研究》，（台湾）屏东师范学院2005届硕士学位论文。

康的比较动机。对于比较的结果，更多发现其对自己起促进作用的信息，而忽略对自己产生干扰的信息。而进行消极比较的儿童，其表现出来的特点包括：更多持自我拉抬的动机，比较是为了获得自尊和面子，只关注自己比他人好的内容，而不能够虚心学习和关注自己比他人差的方面。

由此可知，儿童和谁比较、比较什么内容、受什么动机指引进行比较、是否受比较结果影响，影响了儿童的幸福感。很多时候，你问儿童幸福不幸福，儿童在做出回答时，已经在认知上和其他同伴进行了比较。

二、儿童的自我比较与儿童的幸福

自我比较在国内的研究中较少出现，所谓自我比较是指个体以"时间差"为重点，强调"现在的我"与"过去的我"及"未来的我"之间是否有所差异，是否存在成长的空间。按照此理解，自我比较既包括与过去的我的比较，也包括与未来的我的比较。

美国著名人本主义心理学家罗杰斯（C. Rogers）提出，人都有两个自我：现实自我和理想自我。事实上，人应该还有一个自我：过去自我。儿童的幸福是儿童现实自我的幸福，而现实的幸福来源于与过去自我及理想自我的比较。如果现在的状况与过去比有所进步，或者与将来比也已经达到可接受的水平，那么幸福的感受可能会更高。

过去的我、现在的我、将来的我，这三个"我"可能会经常性地充斥在个体的认知中。现在的我与过去的我相比有什么进步吗？将来的我应该是怎么样的？这些问题可能会经常萦绕在儿童的心中，成为儿童幸福感知不可避免的影响因素。

个体的自我比较与社会比较有时候可能会交叉或同时进行，对儿童的幸福感产生影响。

国内学者梁静进行了社会比较与控制源对青少年主观幸福感影响的研究，其研究的一个重要创新是探讨了社会比较与自我比较对儿童幸福的交互影响作用。当时间维度为现在的时候，即比较对象与个体当前身份相似时，向下比较会提升儿童的幸福感，其中外控儿童提升明显，内控儿童提升不明显。向上比较后，两种被试的幸福感都会降低，外控儿童下降明显，内控儿童下降不明显；当时间维度为未来的时候，即比较对象与个体未来身份相似时，向下比较会降低幸福感，向上比较会提升幸福感，但无论哪种比较方向，均是外控儿童的幸福感比内控儿童受到更大的影响。[1]

三、走向幸福的比较视角

影响儿童幸福的因素很多，学者们从哲学、心理学、社会学等多个层面提出提升儿童幸福的策略。笔者仅从比较的视角，阐述儿童走向幸福的策略。

（一）进行积极的比较

积极的比较包括比较动机、比较对象、比较内容及比较后情绪的调整。在比较动机上，儿童应该更多持自我改善的动机，带着提高自我的目的，改善原有的不足；在比较对象选择上，应该考虑自身的人格特点，儿童如果是内控型的，不易受他人影响的，可以选择比自己

[1] 梁静：《社会比较与控制源对青少年幸福感受的影响》，西南大学2006届硕士学位论文。

好的个体进行比较，反之，如果是外控型的，易受他人影响的，可以选择下行比较；在比较内容上，应该选择积极的内容，如良好行为形成的比较，而不要选择学习成绩等内容进行比较；在比较后，不刻意忽略自己的劣势面，而应该对自己的劣势面和优势面都有一个中肯的认识和评价；比较后的情绪反应同样应该受到控制，要用辩证的态度看待比较的结果。

（二）活在当下

比较无处不在，或者是社会比较，或者是自我比较。但是从儿童幸福提升的角度，还是需要培养儿童"活在当下"的心理品质和认知品质。活在当下，出自于佛教的主张。很多人对此有误解，认为活在当下就是及时行乐，不关注过去，也不关注未来。这些并不是其本意，其深层的意思是只讲耕耘、不讲收获。儿童的幸福不在于对过去生活和学习不如意的抱怨，也不在于对未来事物的担忧，坦然地面对现在就是一种幸福。

幸福是人类最大的善，让儿童达到最大的幸福是教育的终极目标。不同的人有关于幸福的不同标准，但对于成长中的儿童，培养一种"善"的幸福、发展的幸福，会使其一生受益无穷。

第五章

我国儿童对幸福的认知

　　当前我国儿童幸福感的现状如何？在我们普遍的认知中，现在我国儿童的幸福感水平不高，且儿童的幸福与儿童的学业等因素有必然的联系。很多孩子的童年是在各种补习班、才艺班和特色班中度过的，失去了童年本应该有的玩乐与纯真。而素质教育实行过程中，不可避免地形成了对儿童学习成绩的要求，部分导致了儿童的不幸福。但事实上儿童真的不幸福吗？儿童认知中的幸福是什么样？

　　在对儿童的幸福感现状及儿童幸福感与比较间关系进行探讨时，笔者认为有必要首先了解儿童对幸福的理解，及儿童对自己是否幸福的评价，然后才能有更加深入的研究。在中国儿童的认知中，什么是幸福？或者更简单地说，对儿童而言，什么是幸福。笔者以杭州市部分4-18岁儿童为调查对象，对儿童理解中的幸福、儿童的幸福现状、导致儿童不幸福的因素进行了调查。每个年龄阶段抽取了10名左右儿童（6岁及6岁以下共抽取了10名儿童）为调查对象。儿童主要来自杭州市下沙二小、杭州市滨江实验学校、杭州市第九中学、杭州市第十中学和笔者所居住小区内的幼儿。对于6岁以下及小学一年级、二年级、三年级的儿童，由调查者采用面对面访谈的形式进行调查，调查者对儿童的答案进行记录；对于小学三年级以上的儿童，由调查者向其发放自陈调查问卷，请被调查者填写。这个调查是一个初步的调查，调查问题包括三个：

1. 对你来说，什么是幸福？
2. 你觉得自己幸福吗？
3. 有什么因素使你感觉不幸福吗？

第一节　儿童对幸福的理解与认知

笔者首先了解了儿童对什么是幸福的认知。儿童把自己对幸福的理解和认知通过一句话或几句话的形式表现出来。考虑到6岁以下的儿童对幸福的概念不能准确理解，这一年龄段共抽取了10名儿童。其他从小学一年级到高中三年级每个年级抽取了10名左右儿童为调查对象。

一、幼儿（3-6岁）对幸福的理解和认知

3-6岁幼儿对幸福的理解和认知如表5-1所示。

由表5-1可知，3-6岁儿童对幸福的理解基本上与玩有关，在这个年龄阶段的孩子看来，玩能够代表他们的幸福。有部分儿童提到父母，但很少会从抽象的父母的爱的角度出发，一般均是形象理解，如和父母吃饭，和父母在一起，和父母睡觉等。这也与这一年龄阶段儿童的认知特点相符合，以具体形象思维为主，而非抽象思维。

表5-1　　　　　幼儿对幸福的理解和认知（ $n=10$ ）

基本信息	对幸福的理解和认知	幸福现状	关键词
4岁，女，小班	幸福是和布娃娃一起玩	不幸福	玩
4岁，女，小班	出去玩就是幸福	幸福	玩，吃
4岁，男，中班	跟妈妈在一起最快乐，或者吃生日蛋糕的时候最快乐，看奥特曼的时候最快乐	幸福	父母
5岁，男，中班	幸福是爸爸妈妈在一起	幸福	父母
5岁，女，中班	爸爸妈妈三个人在一起睡觉就是幸福，能吃糖就是幸福，能玩泡泡就是幸福	幸福	父母，玩
5岁，女，中班	大家能够开心在一起	很幸福	父母
5岁，男，中班	不知道（调查过程中一直在玩自己的玩具车，不愿意回答）	不知道	无
6岁，女，大班	和小朋友一起玩是快乐，和爸爸妈妈一起吃饭	幸福	玩，父母
6岁，女，大班	爸爸妈妈陪我玩	不幸福	玩，父母
6岁，男，大班	幸福就是和小朋友一起玩，跟爸爸妈妈一起玩	幸福	玩，父母

此外，笔者在调查和访谈这些小朋友时，他们对于幸福都不能理解，不明白幸福具体是什么意思，或者直接回答对他们来说最快乐的是什么，即把幸福与快乐等同起来思维。这个年龄阶段的孩子一般都会在某个时刻觉得开心，一般是他们愿望达到的时候，通常会说"我真是太快乐了"，而没有形成对幸福的持久体验与感受，更多的是感性及瞬间的快乐感受。因此，与其说是探索这一年龄阶段儿童的幸福现状，不如说是探索这一年龄阶段儿童的快乐现状。

二、小学阶段（7—12岁）儿童对幸福的理解和认知

小学一年级儿童对幸福的理解和认知如表5-2所示：

表5-2   小学一年级儿童对幸福的理解和认知（ n=10 ）

基本信息	对幸福的理解和认知	幸福现状	关键词
6岁，女，1年级	在家里跟妈妈一起玩，在学校学习	幸福	玩，学习
7岁，女，1年级	在家跟爸妈一起玩，在学校跟小朋友一起玩	幸福	玩
7岁，女，1年级	跟小朋友一起玩	幸福	玩
7岁，女，1年级	去动物园玩，玩游戏	幸福	玩
7岁，男，1年级	幸福就是玩	幸福	玩
7岁，男，1年级	旅游，去公园	幸福	玩
8岁，女，1年级	在学校打扫卫生	幸福	打扫卫生
8岁，女，1年级	在学校跟小朋友一起玩	幸福	玩
8岁，男，1年级	爸爸妈妈带我出去玩	幸福	玩
8岁，男，1年级	写作业，玩电脑，出去玩	幸福	玩，作业

小学二年级儿童对幸福的理解和认知如表5-3所示：

表5-3   小学二年级儿童对幸福的理解和认知（ n=10 ）

基本信息	对幸福的理解和认知	幸福现状	关键词
8岁，女，2年级	不知道怎么说	幸福	无
8岁，女，2年级	陪爸爸妈妈一起去游乐园	幸福	玩，父母
8岁，女，2年级	幸福是好好学习，天天向上	幸福	学习
8岁，男，2年级	幸福是捉迷藏	幸福	玩
8岁，女，2年级	很有钱就是幸福	幸福	钱
8岁，女，2年级	一家人在一起很幸福	幸福	父母家人
8岁，女，2年级	可以玩，对我来说就是幸福	幸福	玩
8岁，女，2年级	学习	幸福	学习
8岁，男，2年级	放寒假，很多时间	幸福	玩
9岁，男，2年级	有母爱	幸福	父母家人

小学三年级儿童对幸福的理解和认知如表5-4所示：

表5-4 小学三年级儿童对幸福的理解和认知(*n*=10)

基本信息	对幸福的理解和认知	幸福现状	关键词
10岁，男，3年级	考试满分	不幸福	考试，学习
10岁，男，3年级	爸爸和妈妈在一起	幸福	家人父母
9岁，女，3年级	学习是幸福	幸福	学习
9岁，男，3年级	只要学习轻松些就是幸福	还算幸福	学习压力
9岁，男，3年级	助人为乐就是幸福	幸福	品德
9岁，男，3年级	玩耍，发展自己爱好	不幸福	玩，爱好
10岁，男，3年级	爸爸妈妈对自己很好是幸福	不幸福	家人父母
10岁，女，3年级	一家人只要开开心心就是幸福	幸福	家人父母
11岁，男，3年级	放假，做运动的时候是幸福的	一般幸福	假期，玩
9岁，男，3年级	一家人快快乐乐是幸福	幸福	家人父母

小学四年级儿童对幸福的理解和认知如表5-5所示：

表5-5 小学四年级儿童对幸福的理解和认知（*n*=10）

基本信息	对幸福的理解和认知	幸福现状	关键词
10岁，男，4年级	爸妈对我好，对我来说是幸福	幸福	父母家人
10岁，女，4年级	幸福是每天都快快乐乐的	还好	情绪，快乐
10岁，男，4年级	幸福是爸爸妈妈对我很好	幸福	父母家人
10岁，男，4年级	幸福就是甜蜜的生活	幸福	生活甜蜜
10岁，女，4年级	长得和爸爸一样高对我来说就是幸福	还可以	具体
10岁，男，4年级	每天都能玩	有些小郁闷	玩
10岁，女，4年级	幸福是天天是儿童节	一般	具体
10岁，女，4年级	每天都能玩	不幸福	玩
10岁，女，4年级	幸福是可以得到爸爸妈妈的表扬	一般	父母家人
10岁，男，4年级	幸福是每个星期吃一次肯德基	幸福	具体

小学五年级儿童对幸福的理解和认知如表5-6所示：

表5-6　　小学五年级儿童对幸福的理解和认知（$n=10$）

基本信息	对幸福的理解和认知	幸福现状	关键词
11岁，男，5年级	被别人关心	幸福	朋友，父母家人
11岁，女，5年级	每天都能开心地和家人在一起	幸福	父母家人
11岁，男，5年级	就是开开心心的活着	幸福	情绪开心
11岁，女，5年级	每天快乐，不伤心	幸福	情绪开心
12岁，男，5年级	生活在父母的爱中	幸福	父母家人
11岁，女，5年级	生活在爱里	幸福	父母家人
11岁，女，5年级	能够成为老师的得力助手	幸福	具体
12岁，男，5年级	天天都和好朋友一起玩	幸福	朋友，玩
12岁，男，5年级	考试成绩好，父母高兴	幸福	学习
11岁，女，5年级	父母对我的爱	幸福	父母家人

小学六年级儿童对幸福的理解和认知如表5-7所示：

表5-7　　小学六年级儿童对幸福的理解和认知（$n=10$）

基本信息	对幸福的理解和认知	幸福现状	关键词
12岁，女，6年级	和爸爸妈妈在一起	幸福	父母家人
14岁，女，6年级	幸福是有朋友的关心，父母的安慰	幸福	朋友，父母家人
12岁，女，6年级	快乐每天吃好的，用好的	幸福	享乐
12岁，男，6年级	有健康的身体，能够得到爸爸妈妈的关爱	幸福	健康，父母家人
11岁，男，6年级	有爸爸和妈妈的关爱和关心	幸福	父母家人
12岁，男，6年级	有爸爸妈妈的关心和呵护	幸福	父母家人
12岁，男，6年级	有健全的四肢，美满的家庭，上进的学习，健康的身体，自由的生活	幸福	健康，家庭，学习，自由
12岁，女，6年级	拥有一个完整的家庭	在学校里幸福，在生活中孤单	父母家人
12岁，男，6年级	父母的关爱	幸福	父母家人
11岁，女，6年级	能和家人每天在晚上的时候一起吃个饭，说说话，这就是幸福	幸福	父母家人

由表5-2至表5-7可知，小学阶段儿童的幸福理解和认知表现出以下几个特点：（1）儿童对幸福的理解从单一到复杂。小学一年级儿童认知中的幸福都是和"玩"有关，二年级开始关注学习、钱和父母家人，三年级的儿童开始关注品德，四年级的儿童开始关注情绪快乐，五年级的儿童开始关注健康，六年级的儿童开始关注自由。幸福关注点的逐渐丰富和复杂表明儿童幸福观的逐渐成熟；（2）对幸福的理解从笼统到具体。低年级儿童更多谈到幸福就是玩，幸福就是一家人在一起等较笼统模糊的内容，高年级的儿童开始谈到幸福是"成为老师的得力助手、长得和爸爸一样高"等较具体的内容；（3）父母家人在儿童幸福认知观中的重要性逐渐显现，小学2-6年级儿童中分别有2、4、3、4、8位谈到父母家人。这表明随着年龄的增长，儿童越来越多地认为幸福与父母家人的关爱密不可分；（4）儿童的幸福开始与学习形成一定的联系。小学阶段的儿童逐渐把自己的幸福与学习因素联系起来，二年级学生中有2位谈到幸福与学习的不可分性，三年级学生中有3位谈到幸福是学习或者考试满分。这些都表明学习因素对儿童幸福存在一定的影响。

此外，总体来看，大部分儿童认为自己是幸福的。小学一年级、二年级、五年级的所有儿童都认为自己是幸福的，三年级、四年级及六年级有部分或个别儿童认为自己不幸福。这与普遍的观点认为儿童幸福水平不高存在一定的差异。

三、初中阶段（13-16岁）儿童对幸福的理解和认知

初中阶段儿童对幸福的理解和认知是怎样的，是否和小学阶段的儿童存在认知差异。笔者对此进行了调查。

初一儿童对幸福的理解和认知如表5-8所示：

表5-8 初一儿童对幸福的理解和认知（n=10）

基本信息	对幸福的理解和认知	幸福现状	关键词
13岁，男，7年级	能有理想并去实现便是幸福	幸福	理想
13岁，女，7年级	幸福就是能吃饱喝足，可以取得优秀的成绩和每天都能开开心心	幸福	享乐，成绩
13岁，女，7年级	和家人一起生活，一家人开开心心，和朋友坦诚相处，就是幸福	幸福	父母家人，朋友
13岁，女，7年级	幸福就是和家人在一起，嬉戏和分享。或者是和朋友一起聊聊自己的烦恼。	幸福	父母家人，朋友
13岁，女，7年级	幸福是不管家庭环境的恶劣，依然和家人其乐融融；幸福是不管朋友对你怎么样，依然对朋友笑脸相迎。	幸福	父母家人，朋友
13岁，女，7年级	幸福是饥寒时的一锅粥，疲倦时休息的沙发，是失落时的日记	幸福	满足
12岁，男，7年级	帮助人、被人帮助，安慰人、被人安慰，关心人、被人关心	幸福	互助，人际，朋友
14岁，男，7年级	幸福是自己快乐时，能和他人一起分享；他人快乐时，能和我一起分享。	幸福	人际，朋友，分享
14岁，女，7年级	幸福对我来说是多的财富	幸福	财富
13岁，女，7年级	对我来说幸福是老师在学习方面多管我，哪怕是批评，父母对我关爱有加，不要是溺爱，有时候经历些挫折	幸福	挫折中的爱

初二儿童对幸福的理解和认知如表5-9所示：

表5-9 初二儿童对幸福的理解和认知（n=10）

基本信息	对幸福的理解和认知	幸福现状	关键词
14岁，男，8年级	温暖，家的温暖，平平安安	幸福	家庭，平安
15岁，男，8年级	和父母在一起，过小生活	幸福	父母家人
14岁，女，8年级	每天回家后能有亲人的陪伴	幸福	父母家人
14岁，女，8年级	幸福是能生活在父母的关爱下，有许多爱你的人	幸福	父母家人

（续表）

基本信息	对幸福的理解和认知	幸福现状	关键词
15岁，女，8年级	家庭和睦，同学能友好相处	幸福	父母家人，同学
14岁，女，8年级	学习成绩不断上升，吃好睡好，家庭和谐	不怎么幸福	成绩，家庭
15岁，女，8年级	家人可以在一起，开开心心的	幸福	父母家人
15岁，男，8年级	有爸爸妈妈的关爱	幸福	父母家人
14岁，女，8年级	让自己开心，心中没有烦恼。生活境遇愉快美满	幸福	情绪开心
15岁，女，8年级	一天平平安安，顺顺利利，回到家一家人一起吃饭	幸福	平安，家人

初三儿童对幸福的理解和认知如表5-10所示：

表5-10　　　初三儿童对幸福的理解和认知（n=10）

基本信息	对幸福的理解和认知	幸福现状	关键词
15岁，女，9年级	吃饭，睡觉，微笑	幸福	满足
15岁，女，9年级	家庭美满	幸福	家庭
15岁，女，9年级	大家很和谐，处处有爱，每个人都很快乐	幸福	快乐，和谐
15岁，男，9年级	幸福是没有太多的烦恼	幸福	情绪快乐
15岁，男，9年级	家庭美满	一般	家庭
15岁，男，9年级	轻松踏实过每一天，至少自己觉得自己做得很好了	不幸福	满足
14岁，女，9年级	幸福就是能快乐过每一天，有多彩的人生	离幸福只有一步之遥	满足
16岁，女，9年级	幸福就是相互理解，互相体谅，互相信任，不因小事而动手，应该时时面带微笑	幸福	满足，人际，互谅
16岁，女，9年级	幸福就是有一个温暖的家	幸福	家庭
14岁，男，9年级	幸福就是吃好、穿好、玩好、睡好	幸福	享乐

由表5-8、表5-9和表5-10可知，初中儿童对幸福的理解与认知表现出与小学儿童不一样的新的特点，主要体现在：（1）开始认识到幸福是内心的一种满足和知足。如儿童谈到"幸福是饥寒时的一锅粥""微笑""相互理解""能快乐过每一天""轻松踏实过每一天"等，这些均表明儿童对幸福的认知多了"知足常乐"的元素；（2）开始认识到平安就是幸福。有多位接受调查的儿童谈到幸福就是平安，平淡中体现出对幸福的深刻认识；（3）幸福的认知中出现了朋友和同伴概念。随着年龄的增长，同伴在儿童幸福认知中的重要性逐渐体现，幸福是有和睦相处的朋友；（4）家庭父母对儿童的幸福感受依然重要。对大部分儿童而言，幸福依然是有和睦的家庭，有爸爸妈妈的关爱，有温暖的家。

此外，在是否幸福这一问题上，30名被调查儿童中，除了4名儿童认为自己不幸福或不怎么幸福外，其他儿童均认为自己是幸福的。

四、高中阶段（16—18岁）儿童对幸福的理解和认知

高中阶段儿童对幸福的理解和认知是否与低年龄阶段的儿童存在差异，笔者对此进行了调查。

高一儿童对幸福的理解和认知如表5-11所示：

表5-11　　　　　高一儿童对幸福的理解和认知（ $n=13$ ）

基本信息	对幸福的理解和认知	幸福现状	关键词
16岁，女，高一年级	有吃有喝	幸福	吃喝
17岁，女，高一年级	家庭和睦，有充足睡眠，吃得饱睡得好	不幸福	家庭，睡眠
17岁，女，高一年级	吃饱睡饱，每天看视频	一般	吃，睡
16岁，女，高一年级	学业有成就，天天开心	幸福	学业，情绪

（续表）

基本信息	对幸福的理解和认知	幸福现状	关键词
18岁，男，高一年级	天天打篮球，和朋友常聚，不用学习做作业，身边有亲朋	一般	家人，玩，学业轻
16岁，男，高一年级	身体健康，生活开心	比较幸福	身体，生活
16岁，男，高一年级	幸福活下来	一般	生活
17岁，男，高一年级	幸福是你手心，放在我的手心	不幸福	情感
16岁，男，高一年级	和朋友一起	一般	朋友
16岁，男，高一年级	高兴就好	很好	情绪
17岁，女，高一年级	有吃有喝	幸福	吃喝
17岁，男，高一年级	每天过得踏踏实实	不幸福	踏实生活

高二儿童对幸福的理解和认知如表5-12所示：

表5-12　　高二儿童对幸福的理解和认知（n=15）

基本信息	对幸福的理解和认知	幸福现状	关键词
18岁，女，高二年级	有饭吃，有觉睡，有钱花	幸福	吃，睡，钱
17岁，女，高二年级	家人加金钱	还好	家人，钱
17岁，女，高二年级	物质生活基础上的精神生活	一般	物质，精神
17岁，女，高二年级	有好的物质生活，以及温馨的家庭	是，幸福	物质，家庭
18岁，男，高二年级	让人有自信，内心温暖	一般	自信，温暖
18岁，女，高二年级	睡觉睡到自然醒，数钱数到手抽筋	一般	金钱，睡眠
18岁，男，高二年级	做我想做的，学我想学的	不幸福	自由
17岁，女，高二年级	幸福是你爱的人爱你	有时	情感
18岁，女，高二年级	生活无忧无虑	还可以	生活
17岁，女，高二年级	好朋友，好工作，好家庭	还好	朋友，家庭
18岁，女，高二年级	开心的生活	不幸福	生活
17岁，女，高二年级	跟同学一起学习	幸福	学习，朋友
17岁，女，高二年级	吃到美味的零食，睡觉	幸福	睡觉，吃
17岁，女，高二年级	睡觉	不幸福	睡觉
17岁，女，高二年级	睡觉，吃饭，玩	不幸福	睡觉，吃饭，玩

高三儿童对幸福的理解和认知如表5-13所示：

表5-13　　　高三儿童对幸福的理解和认知（_n_=15）

基本信息	对幸福的理解和认知	幸福现状	关键词
18岁，男，高三年级	睡觉	不幸福	睡觉
18岁，女，高三年级	考上大学，做自己想做的事	没什么感觉	自由
18岁，女，高三年级	和家人在一起，和宠物在一起	幸福	家人，宠物
18岁，女，高三年级	世界和平，身体健康	还可以	身体
18岁，女，高三年级	衣食无忧，民主	一般	衣食，民主
18岁，女，高三年级	和家人、朋友在一起，每一天都快快乐乐的	幸福	家人、朋友
17岁，女，高三年级	有娱乐也有学习，有吃有喝	不幸福	娱乐，吃喝
18岁，女，高三年级	做自己想做的事	一般	自由
19岁，男，高三年级	和平	幸福	和平
19岁，女，高三年级	满足	幸福	满足
17岁，男，高三年级	现在就很幸福	幸福	无
19岁，男，高三年级	想自己所想，做自己所做	幸福	自由
19岁，男，高三年级	健康的身体，稳定的家庭，最铁的兄弟，安定的生活	还行	健康，家庭，朋友，安定
19岁，女，高三年级	一家人在一起，健康的生活就是幸福	幸福	家庭，生活
18岁，男，高三年级	平安	幸福	平安

　　由表5-11、表5-12和表5-13可知，高中儿童对幸福的理解与认知表现出与低年龄儿童不一样的一些特点，主要表现在：（1）许多高中阶段的儿童把幸福与金钱及物质丰裕联系在一起。如"家人加金钱""睡觉睡到自然醒，数钱数到手抽筋"等，这些表明高中阶段的儿童对幸福的理解多了一些现实的元素；（2）较多儿童提到幸福是有充足的睡眠。如"有觉睡""睡觉""睡觉睡到自然醒"的表述，表明这个阶段的儿童受学业压力的影响，一定程度上缺乏睡眠，表达了对睡眠的渴望；（3）有个别儿童提到了幸福就是情感的满足。表明高中阶

段的儿童有部分开始有了朦胧的情感意识，开始对异性有了了解和接触的心理。总体来看，这个年龄阶段儿童对幸福的理解呈现出多元化的态势，没有太显著的特征。

此外，在是否幸福这一问题上，在43名接受调查的儿童中，有14名儿童认为自己是幸福的，其他儿童认为自己的幸福水平一般或者不幸福。

第二节 儿童对不幸福影响因素的理解和认知

一、导致幼儿（3-6岁）不幸福的因素

接受调查的3－6岁的10名幼儿，对于什么因素导致他们不幸福这一问题，基本没有回答，或者回答没有不快乐。有两位幼儿进行了回答，答案分别是：

爸爸妈妈不在，所以不幸福

妈妈不让我看电视，所以不幸福

从幼儿不作答及仅有的答案中可以看出，这一年龄阶段的儿童对幸福及不幸福的概念都是非常模糊的。按照皮亚杰的认知发展阶段理论，2-6岁的儿童认知发展水平处于前运算阶段。前运算阶段儿童认知的特点表现为：儿童在2岁时，认知发生了巨大的革命，儿童开始以符号为中介认识外部世界。但总体来看，他们的思维在这一阶段不具有可逆性，还不能形成准确的概念。因此，这一阶段的儿童对幸福的概念不能准确理解，较多儿童没有形成幸福的概念。他们的理解更多停留于高兴和快乐层面，哪些具体的事情让他们高兴或不高兴了、快乐或不快乐了，但没有关于幸福的恒定或抽象认知。

二、导致小学阶段儿童（7－12岁）不幸福的因素

小学一年级的10名调查对象对导致自己不幸福的因素进行了回答，他们的答案如下所示：[1]

做错题被爸妈吵不幸福（吵，爸妈）

跳绳太累了，不幸福（累）

被爸妈批评不开心（批评，爸妈）

弟弟打我不幸福（被打，弟弟）

没人陪我玩不幸福（玩）

爸妈打我时不幸福（被打，爸妈）

爸妈打我不幸福（被打，爸妈）

被妈妈打不幸福，妈妈不幸福我会不幸福（被打，妈妈）

高年级的哥哥打我（被打，哥哥）

没有不幸福（无）

小学二年级的10名调查对象对导致自己不幸福的因素进行了回答，他们的答案如下所示：

被爸爸打不幸福（被打，爸爸）

声音太小，被老师批评（被批评，老师）

跟别人吵架（吵架）

被爸妈骂不幸福（被骂，爸妈）

爸爸打我不幸福（被打，爸爸）

同学们弄脏地面不幸福（地面脏，同学）

没有不幸福（无）

---

[1]调查对象答案后的括号是作者加注的关键词。

没有不幸福（无）

没有不幸福（无）

没有不幸福（无）

小学三年级的10名调查对象对导致自己不幸福的因素进行了回答，他们的答案如下所示：

自己做错事情，被妈妈批评（被批评，妈妈）

作业太多不幸福（作业太多）

打架是不幸福的（打架）

作业写错，爸爸罚写，是不幸福（罚写作业）

父母不让玩电脑是不幸福（不能玩电脑）

被老师骂，是不幸福（被骂，老师）

每天都要上社团（上社团压力）

没有不幸福（无）

没有不幸福（无）

没有不幸福（无）

小学四年级的10名调查对象对导致自己不幸福的因素进行了回答，他们的答案如下所示：

不能出去玩，妈妈逼我写单词（写单词）

没人和我玩（不能玩）

被爸爸妈妈困在家里（困在家里）

没有人陪我玩，爸爸妈妈不在身边（爸妈不在身边）

没有不幸福（无）

没有不幸福（无）

没有不幸福（无）

没有不幸福（无）

没有不幸福（无）

没有不幸福（无）

小学五年级的10名调查对象对导致自己不幸福的因素进行了回答，他们的答案如下所示：

没有不幸福（无）

没有不幸福（无）

没有不幸福（无）

没有不幸福（无）

没有不幸福（无）

没有不幸福（无）

没有不幸福（无）

没有不幸福（无）

没有不幸福（无）

小学六年级的10名调查对象对导致自己不幸福的因素进行了回答，他们的答案如下所示：

爸爸妈妈骂我（被骂，爸妈）

不幸福是没有父母在身边（孤单，爸妈）

被骂，打架被抓到（被骂）

爸爸妈妈不停地管教我，让我没玩的时间（被管，无自由时间玩）

在楼下玩，别人打我，爸爸妈妈不理我，我感觉不幸福（被打，父母不关注）

没有爸爸妈妈的关爱让我感到不幸福（不被关爱，爸妈）

爸爸总是让我写作业，没有自由，感到不幸福（写作业，无自由）

在生活中很孤独，很想有一个完整的家庭（缺少家庭温暖）

没有不幸福（无）

没有不幸福（无）

由上述答案可知，小学阶段儿童感觉不幸福的影响因素相较于这一年龄阶段儿童对不幸福原因的理解，更加具体，集中于一些较具体的因素上。被打和被骂是儿童提到较多的导致不幸福的因素，另外也有提到因为要写作业等而缺乏自由，及缺少家庭温暖等。但总体来看，儿童在谈到导致不幸福的因素时，基本上是考虑具体事件，且这些事件虽然在表述方式上存在差异，但基本内容还是较一致地集中在上述几个方面。此外，有较大比例的儿童认为没有什么导致不幸福的因素，这也与前述一节儿童对于自己是否幸福的判断相一致，绝大部分儿童认为自己的生活非常幸福，因此谈不出具体不幸福的影响因素。

三、导致初中阶段儿童（13—16岁）不幸福的因素

在前述调查中，只有4名初中儿童认为自己不幸福或者不怎么幸福，因此，在关于导致不幸福的因素上，也只有4名儿童进行了回答，答案如下所示：

学习比较累，压力有点大（学习）

学习成绩未上升（学习）

听到同学间相互训斥，见到别人不打招呼（人际关系）

还没达到自己理想的桃花源（模糊）

这4名同学关于导致不幸福的因素，有两个原因与学习有关，另外有一个原因与同学关系有关，还有一个原因较笼统。从这四个原因中，

我们无法归纳和准确把握导致初中阶段儿童不幸福的原因。

初中阶段的儿童处于青春期，青春期阶段儿童生理的重要特点是开放与闭锁共存，儿童心理上想了解他人，同时被他人了解，但有时候又不希望被他人了解，封闭自己。因此整个青春期的心理具有矛盾性，多个心理方面都是矛盾的。所以他们一方面希望表达自己对幸福的理想，但另外一方面又不愿意其他人对自己有太深入的了解。这可能是初中阶段儿童对什么是幸福及导致不幸福的因素回答差异的一个可能解释，他们理解中的幸福不一定是他们能够达到的幸福。另一种可能的解释是现阶段初中儿童的幸福感受确实比较高，并不像我们普遍所认为的，初中学生受学业压力等因素的影响，幸福感不高。

四、导致高中阶段儿童（16—19岁）不幸福的因素

关于导致自己不幸福的因素，高一学生的答案如下：

作业、考试（学习）

作业做不完（学习）

作业不会做（学习）

学习压力（学习）

缺乏睡眠，作业过多，学业负担重（学习）

时间不够（学习）

压力大，天气环境原因（学习）

别人无理取闹，作业太多太烦（人际、学习）

要读书，要做作业，要高考，以后还要工作（学习）

学习压力大，社会不安定（学习、社会）

作业做不完（学习）

高考（学习）

学习压力（学习）

高中二年级的15名调查对象对导致自己不幸福的因素进行了回答，他们的答案如下所示：

学习压力大，考试成绩过低（学习）

学习压力大（学习）

考试（学习）

社会复杂化，利益更为重要（社会）

学习，学习，还是学习，没有自由时间（学习）

学习，零花钱，无睡眠时间（学习）

困惑（自我思索）

物质缺乏，心情不畅（物质）

家人之间不信任，常吵架，社会不和谐（家庭关系）

作业，学习，睡眠不足（学习）

没饭吃，没觉睡，没钱花（学习）

学习压力大（学习）

缺少睡眠（学习）

考试成绩不好（学习）

高中三年级的15名调查对象对导致自己不幸福的因素进行了回答，他们的答案如下所示：

没的睡觉（学习）

生活太不充实（自我思索）

还没考上大学（学习）

快高考了，压力大（学习）

社会的黑暗（社会）

社会原因、经济原因、历史原因（社会）

平时的小矛盾、学习的压力（学习、人际）

还没有能力去实现一些东西（自我思索）

没钱（经济）

什么都没有拥有（自我思索）

无尽的烦恼（模糊）

没有什么因素使自己不幸福（无）

成绩不理想、挣扎、纠结、郁闷（学习）

没有什么因素使自己不幸福（无）

高中阶段儿童感觉不幸福的原因，归纳起来有三个方面：首先，学习压力相关的因素。高中阶段儿童不幸福的很大一部分原因是学习压力，包括直接的学习压力，还有作业、考试成绩不理想及相关的睡眠不足等；其次，社会性因素，如金钱因素，部分高中学生认为金钱缺乏是导致不幸福的原因，其他包括无力改变现实、社会黑暗等因素；最后，心因性因素，如无尽的烦恼，没有能力去实现一些东西，困惑，生活太不充实等因素。

高中阶段的儿童同样处于青春期，具有青春期儿童共有的特点。同时，这个阶段的儿童总体更多受我国考试制度的影响，学习压力的因素对其幸福感影响较大。此外，这个阶段的儿童有了朦胧的社会意识，一些社会性的因素对其幸福感也存在影响。

第三节　从儿童的幸福认知看儿童幸福感提升

在笔者对儿童理解中的幸福进行调查的过程中，笔者对于儿童的幸福有了新的体会和理解。一直以来，笔者和大多数人所持的态度一致，认为现阶段的儿童不太幸福，主要原因是学习压力过大、父母期望过高等。但通过这个调查，笔者发现事实似乎并非如此。大部分低年龄阶段的儿童认为幸福就是玩，随着年龄的增长，家庭和父母的重要性逐渐提升。很多孩子没有提到学习压力的问题，似乎学习因素与他们的幸福没有必然的联系。

当然，如前所述，本部分调查所采用的调查手段等都非常简单，调查对象的量也不大。仅仅是为了换个视角看儿童的幸福，从儿童的角度看儿童的幸福。儿童对幸福的理解带有其独特年龄阶段的烙印和标识。

依据儿童认知中的幸福，从提升儿童幸福的角度，笔者有些简单的建议：

一、让年幼的儿童尽情地玩

很多家长比较重视孩子的早教。笔者居住的小区有一个小孩，10个月大就开始接受一周一次的早教课程，在家长看来，接受早教课程有助于孩子的智力开发，使孩子更好地成长。这样的家长不在少数。而这样的早教课程一般都是非常昂贵的，普通工薪阶层的家长可能无法做到，即便做到了，也是非常的费力。

在笔者看来，对于年幼的孩子最重要的，莫过于让他们能够尽情地玩，在父母的关爱中尽情地玩。在玩的过程中，孩子该发展的能力自然会发展。笔者一直认为，有些内容，父母或者教师是教不会孩子的，孩子只有在自己的体验中才能够真正习得。没有能力让孩子上昂贵课程的家长不必忧虑，孩子的成长在哪里都是一样的。父母如果愿意花时间陪孩子玩，可能比任何昂贵的课程都重要。

家长可以带儿童去大自然中玩。带孩子去看花，当看到不同花的时候，父母可以跟孩子讲不同花的花期、花蕾、花效等的区别；当看到有人帮助老人过马路的时候，可以告诉孩子这是一种助人为乐的行为，值得我们尊敬；当看到两个小朋友在打架的时候，父母可以告诉孩子同伴之间应该相互友爱，要学会分享……

依据洛克的"白板说"，每个孩子生下来心灵上就是一张白纸，怎样让这张白纸上充满记号或观念，不是靠天赋，也不是靠家长灌输，而是来自于儿童后天的经验。在笔者看来，获得这种经验的最好方式是儿童在活动中体验。所以要使儿童获得幸福，我们应该让儿童尽情地玩。

二、家长应该认识到父母对孩子幸福的重要作用

从上述调查中不难发现，对儿童来说，对其幸福意义最大的就是父母家人，父母的关爱和家庭的完整温暖是多数儿童认可的幸福的涵义。

没有一个父母不爱自己的孩子，只是对爱的方式理解不同。有些父母认为，只要给孩子充足的物质条件，就是关心和爱孩子；有些父母则认为，自己忙于工作，没有太多时间陪伴孩子，也是为了孩子有一个更好的成长环境。

虽然本调查研究中的大部分孩子认为自己是幸福的，但这只是一个初步的探索性的调查，主要在于了解孩子对幸福的认知，并没有深入到孩子生活的方方面面。从近几年出炉的一些社会调查数据来看，家庭结构变化等对儿童幸福的消极影响不容忽视。

统计数据显示，从20世纪70年代末开始，我国离婚人数和离婚率

持续上升，近5年来增速明显，增幅高达7.65%。2010年，全国120多万对夫妻喜结连理的同时，196万多对夫妇劳燕分飞。目前，北京、上海的离婚率已超过1/3。[1]

大城市1/3的离婚率，是何等庞大的一个数据，考虑到我国庞大的人口基数，这个数据绝对值得我们担心。1/3离婚率的背后，是多少失去完整家庭温暖的儿童。这些儿童正处于人生发展的可塑期，他们会得到和拥有幸福吗？他们以后的人生中将如何处理人际信任等相关的问题？

有些人会认为这种观点过于悲观，父母离异并不代表不要孩子了，他们对孩子的爱还是一样的。但要质疑的是，还会一样的完整吗？或者说，在孩子的感受中还会一样的完整吗？确实，每个个体都是独立的，具有自身生存的独立性。但按照存在主义哲学的观点，人的存在就是不断做选择的过程，如果要寻找存在意义的话，就是为自己所做的各种选择负责任的过程。对自己的选择负责任，这是多么简单的一句话，但实现起来却是多么的困难。

作为家长，正确地关爱孩子，给孩子温暖的家庭生活环境，对孩子幸福感的提升具有重要的意义。

三、帮助和引导孩子理解世界，形成正确的幸福观

什么是幸福？这个问题哲学家们探讨了几千年，也没有定论。虽然我们提倡应该尊重孩子的自由发展，但受限于个体成长的规律，孩子的认知能力是有限的，他们对事物的理解和认知并不一定准确。因此，教师和家长应该帮助和引导孩子理解世界，形成正确的幸福观。

---

[1]《我国每天5000多对夫妻离婚，京沪离婚率已超1/3》，http://news.sohu.com/20110603/n309202087.shtml.

这有两个前提，首先家长和教师的世界观及幸福观应该是合理的。当今社会逐渐进入网络时代，网络对人的影响不可忽视。但网络世界受其虚拟性的影响，任何奇怪的事情或价值观都会出现。这些价值观或多或少地对成人的价值观存在影响。如果教师和家长认为"吃好、用好、玩好"等享乐主义的价值观是对的，那么这种价值观及其所引发的幸福观的合理性必然会受到质疑。或者如果家长和教师认为，个体唯一的出路就是考试有个好分数，读好大学，这势必也会影响孩子的幸福观。第二个前提是家长和教师对孩子幸福观的形成是帮助和引导，而不是强加。很多家长都是语重心长地跟孩子说，你一定要读好书，只有读好书了才有出路，不读上好大学，你是没有出路的。这就类似灌输，而不是引导和帮助。笔者有一次坐出租车，司机是一位两个孩子的父亲，他为自己的两个孩子深感自豪，两个孩子均是国内知名高等学府的高材生。司机一路上跟笔者分享他的教子之方，他的两个孩子是一对龙凤胎，在同一个班级里上学。有一次，男孩子考试成绩非常优秀，女孩子考得不理想，按照事先与孩子的约定，父亲给男孩子买了一个他一直期待的书包。女孩子没说什么，但是看得出来情绪很不好。父亲有一天晚上工作回来后，开车载女儿出去遛一圈，在路上，前面有一辆非常豪华的车，父亲就开着自己的出租车一定要去超过那辆豪华车，嘴里还在说，你这车凭什么开在我前面。女儿就问爸爸，您做什么呀，人家的车比我们的车好，开得比我们快也是应该的，您为什么非得要去超车呢，多危险啊。然后，父亲就问女儿，那么弟弟考试成绩比你好，爸爸给他买个新书包，是不是也是应该的呢。女儿不吱声了，回去以后再也没闹情绪了。这位父亲说，他这样教孩子的例子举不胜举。说实话，这位朴实的父亲让笔者非常感动，他没有太多的知识，但是有一颗深爱儿女的心，他用自己的人生经验来引导孩子们形成自己的人生观，在教育孩子上，他每天都在思考，怎么样才是最有效的，怎么样才是对孩子好的。

孩子不是家长的所有物，他有自己的情感和灵魂，所以对孩子各种观念的形成，应该是引导，而不是强加。

四、尊重孩子幸福观的年龄差异，让孩子获得真正的幸福

每个年龄阶段对幸福的理解都是不同的，年幼的时候觉得玩就是幸福；年龄逐渐增长，觉得家庭父母的关心是幸福；再长大，又会觉得有志同道合的朋友很幸福；再长大，觉得健康就是幸福的……甚至在人生成长的不同瞬间，对幸福的理解都会不同，这也体现了幸福主观性的特质。所以我们应该尊重孩子幸福观的年龄差异，让孩子获得真正的幸福。

我们应该如何尊重孩子幸福观的年龄差异呢？简单地说，就是"该玩的时候玩，该学习的时候学习，该交朋友的时候就交朋友"。在恰当的年龄做恰当的事，这可能就是获得幸福的真谛吧。

有些父母会很担心，怎么能够让孩子想怎么样就怎么样呢，这样孩子的发展会受影响的，他们会走很多弯路的。事实上，这种担心是多余的，孩子的成长有其自身的规律，可能在这个过程中，他会受挫折，但没有挫折，哪有成长？正像调查中一个孩子所说：对我来说幸福是老师在学习方面多管我，哪怕是批评，父母对我关爱有加，不要是溺爱，有时候经历些挫折。挫折对一个孩子的成长不见得就是坏事。

本章对儿童的幸福认知和理解进行了初步的调查，初步探索儿童

理解的幸福是什么。不同年龄阶段的儿童对幸福的理解存在差异。年幼的儿童较多认为玩就是幸福，小学阶段的儿童更多认为幸福是获得家人父母的关爱，初中阶段儿童从更抽象的层面理解幸福，高中阶段儿童对幸福的理解和认知更趋向于多元化。总体来看，儿童对幸福的理解是遵循儿童认知的发展规律的。

本研究的调查是比较笼统的对儿童幸福观的调查，所获得的结果也是笼统的。儿童在认知过程中如何构建其幸福，本章并没有涉及。在下面两章中，我们将进一步对幸福的主观性及比较性进行探索，首先采用访谈法探索小学阶段儿童基于比较的幸福现状，再通过问卷法探索儿童的学业比较与儿童幸福感的关系。

第六章

6−12岁儿童社会与自我比较访谈研究

本章主要通过访谈法，以个案的形式了解6−12岁儿童社会与自我比较的特点。本章从访谈对象、访谈提纲、访谈程序及访谈资料的整理与分析四方面内容展开。

第一节　访谈对象

比较方向、比较对象、比较内容及个人特质等因素都被认为可能会影响儿童的情绪、认知和行为反应，从而影响儿童的幸福感。在质的访谈研究部分，笔者将对儿童比较取向类型、表现特征、形成原因等内容进行了解。

对于6−12岁的儿童，如果采用问卷调查的方法对孩子的比较行为进行研究，可能存在这样一个问题：孩子对问卷的内容不能准确理解。因此，对于这个年龄阶段的孩子，我们通过质的研究方法对其自我和社会比较行为进行探索，以及其比较行为对幸福感、情绪等主观状态的影响。

在访谈对象的选取上，笔者随机选择了杭州某小学的小学生作为访谈对象，共12名儿童。

访谈对象的基本资料，包括性别、年龄、成绩、外形主要特征等内容在访谈资料整理部分将进行具体说明。

第二节　访谈提纲

访谈提纲根据研究问题初步确定。在访谈提纲上，紧紧围绕着儿童社会比较的比较方向、比较对象、比较动机和比较内容及自我比较的比较方向、比较对象、比较动机和比较内容展开。本研究的访谈提纲采用黄建荣的研究（2003）所编制的访谈提纲，主要包括五部分内容：一是为访谈暖身部分内容；二是了解受访者在学业上进行社会比较的状况；三是了解受访者在学习外其他方面进行社会比较的状况；四是了解受访者在学业上进行自我比较的状况；五是了解受访者在学业外进行自我比较的状况。最后根据访谈结果，分析被访谈学生社会和自我比较原因（如比较动机）、比较过程（如比较内容、比较频率、比较对象选择及比较意愿）、比较结果（比较后认知、行为及情绪反应）的特点。如果把儿童的比较类型分为积极型、消极型和中间型三种，分析被访学生属于哪种类型？为什么？

表6-1　　　　　　　6-12岁儿童比较访谈提纲

> 访谈提纲（6-12岁）[1]
> 目的一：为访谈暖身以增加访谈内容的真实性。
> 重点：
> 1. 自我介绍并说明研究目的。
> 2. 保证访谈内容的保密。

[1] 黄建荣：《国小学童社会比较与自我比较之质化研究》，（台湾）屏东师范学院2003届硕士学位论文。

（续表）

目的二：了解受访者在学业上进行社会比较的状况。

重点：

1.你认为考高分难不难？对你来说考高分是一件重要的事情吗？为什么？

2.老师发考卷后你会不会希望知道别人的分数？为什么？

3.你常注意别人的成绩吗？你最希望知道谁的成绩？他是你的同学吗？通常他的成绩都比你高，还是都比你低？

4.你会以别人的分数当标准来决定自己的表现好或不好吗？

5.当你知道别人的成绩比你好时，你会怎么想？会觉得如何？接下来会怎么做？

6.当你知道别人的分数不如你时，你会怎么想？会觉得如何？接下来会怎么做？

7.你在班上定期测试时的平均分数大约是多少？大都考第几名？

目的三：了解受访者在学习外其他方面进行社会比较的状况。

重点：

1.读书之外，你认为哪一件事情是自己做起来相当有把握的？

2.你认为做这件事对你重不重要？为什么？

3.你会不会去注意别人这方面的表现？为什么？

4.你会去注意哪些人这方面的表现？他是你的同学吗？通常他的表现都比你好、差不多还是比你差？

5.你会以别人的表现标准来决定自己的表现好或不好吗？

6.当你知道别人表现得比你好时，你会怎么想？会觉得如何？接下来会怎么做？

7.当你知道别人表现得比你差时，你会怎么想？会觉得如何？接下来会怎么做？

目的四：了解受访者在学业上进行自我比较的状况。

重点：

1.你常常注意自己成绩进步或退步的情形吗？怎么知道有没有进步或退步？

2.当成绩进步时，你会怎么想？会觉得如何？接下来会怎么做？

3.当成绩退步时，你会怎么想？会觉得如何？接下来会怎么做？

目的五：了解受访者在学习外其他方面进行自我比较的状况。

重点：

1.你常常注意自己较有自信方面的表现进步或退步的情形吗？怎么知道有没有进步或退步？

2.当这方面的表现进步时，你会怎么想？会觉得如何？接下来会想怎么做？

3.当这方面的表现退步时，你会怎么想？会觉得如何？接下来会想怎么做？

第三节 访谈程序

在访谈前，笔者进行的准备工作包括查阅文献、确认研究主题与访谈提纲。

在访谈准备工作完成后，笔者联系学校，选取访谈样本，确认访谈对象。之后，笔者对访谈员进行简短的培训，明确他们的任务、访谈应该注意的事项等。访谈主要由硕士研究生完成。

访谈员开始访谈后，先向受访学生进行自我介绍，并简单说明访谈的目的及进行方式，征得学生进一步接受访谈的同意。访谈采用面对面个别访谈形式进行。

访谈员记录访谈的详细过程，在访谈结束后，对访谈过程及内容进行定性分析，并获得定性的结果。

访谈的程序如图6-1所示：

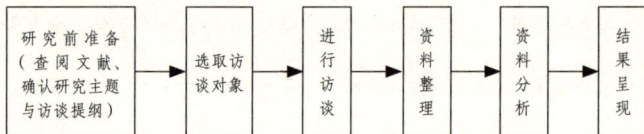

研究前准备（查阅文献、确认研究主题与访谈提纲）→ 选取访谈对象 → 进行访谈 → 资料整理 → 资料分析 → 结果呈现

图6-1 访谈流程

通过访谈，获得儿童比较取向的类型、各类型表现特征、形成原因及如何运作；以及不同年龄儿童在比较取向的类型、表现特征及形成原因上是否存在差异。

根据黄建荣的研究，儿童的比较类型和相应的特征如表6-2所示：

表6-2　　　　　　　　**儿童社会和自我比较类型和特征**

比较类型	在社会比较和自我比较上的特征
战战兢兢型	多持自我拉抬或自我改善的动机，经常收集自己和他人的表现信息，且把这些信息用于社会比较和自我比较；受比较结果所引发的正负情绪反应比较强烈，且正向改进较为持续。
乐观进取型	多持自我改善的动机，经常收集自己和他人的表现信息，且把这些信息用于社会比较和自我比较；较重视比较结果中改善讯息的获取，且能尽量减少负向反应对自己的干扰。
事过境迁型	多持自我评估的动机，较少收集自己和他人的表现信息，但能把这些信息用于社会比较和自我比较；受比较结果所引发的正负情绪反应比较短暂，且正向的努力行为不持续。
事不关己型	感受不到其比较动机，几乎不收集自己和他人的表现信息，且不会主动去感觉比较结果所引发的反应对其生活造成的影响。
趋利避害型	多持自我拉抬的动机，刻意忽略自己的劣势面向，而就自己优势的面向积极收集并运用表现讯息从事社会比较和自我比较；获取优势的比较结果所产生的正向反应，并避免劣势的比较结果所产生的负向反应。
逃避拒绝型	因先前不愉快的比较经验，或为避免劣势比较结果引发负面反应的伤害，而表现出无收集自己和他人表现信息的愿望，并拒绝或逃避社会比较或自我比较的态度。

资料来源：黄建荣《国小学童社会比较与自我比较之质化研究》，（台湾）屏东师范学院2003届硕士学位论文。

　　事实上，儿童社会比较和自我比较不管类型及表现特征有什么变化，一般都应该包括积极型、消极型和中间型几种类型，每种类型都有其具体的表现特征。不同年龄阶段的儿童在类型及表现特征上应该存在差异。不同类型的比较也影响了儿童的情绪、认知和行为表现，影响儿童的幸福感。

第四节 访谈资料的整理与分析（6—12岁儿童）

一、受访者1

（一）访谈资料整理

基本资料：刘，男，11岁，成绩一直在班级前三名。该受访者身高中等，很大方，不怯生，说话思路清晰，自信。

受访者在学业上进行社会比较的状况。

Q：[1] 你认为考高分难不难？对你来说考高分是一件重要的事情吗？为什么？

A：语文、数学考高分不难，英语有点难。对我来说考高分不是一件很重要的事情，因为分数不是衡量的唯一标准，只要尽到自己的力就可以了。

Q：老师发考卷后你会不会希望知道别人的分数？为什么？

A：希望知道别人的分数，这样就可以大体上知道自己分数的排名。

Q：你常注意别人的成绩吗？你最希望知道谁的成绩？他是你的同学吗？通常他的成绩都比你高，还是都比你低？

A：常注意别人的成绩。最希望知道好朋友的成绩。通常他的成绩都比我低。

Q：你会以别人的分数当标准来决定自己的表现好或不好吗？

A：不会。因为自己有一个标准来衡量自己的表现。

---

[1] Q表示问题（Question），A表示回答（Answer）。

Q：当你知道别人的成绩比你好时，你会怎么想？会觉得如何？接下来会怎么做？

A：不气馁，下次继续努力，争取取得好成绩。

Q：当你知道别人的分数不如你时，你会怎么想？会觉得如何？接下来会怎么做？

A：不会骄傲，争取继续保持。同时，会帮助那些学习有困难的同学。

Q：你在班上定期测试时的平均分数大约是多少？大都考第几名？

A：90分以上，大都是前3名。

受访者在学习外其他方面进行社会比较的状况。

Q：读书之外，你认为哪一件事情是自己做起来相当有把握的？

A：很多。比如画画、跑步、吹葫芦丝、下围棋。

Q：你认为做这件事对你重不重要？为什么？

A：重要的。首先是自己喜欢的，另外，画画的时候可以想画什么就画什么。

Q：你会不会去注意别人这方面的表现？为什么？

A：不会。

Q：你会去注意哪些人这方面的表现？他是你的同学吗？通常他的表现都比你好、差不多还是比你差？

A：不会注意别人这方面的表现。

Q：你会以别人的表现标准来决定自己的表现好或不好吗？

A：不会。

Q：当你知道别人表现得比你好时，你会怎么想？会觉得如何？接下来会怎么做？

A：会查找原因，继续努力。

Q：当你知道别人表现得比你差时，你会怎么想？会觉得如何？接下来会怎么做？

A：不骄傲，保持下去。

受访者在学业上进行自我比较的状况。

Q：你常常注意自己成绩进步或退步的情形吗？怎么知道有没有进步或退步？

A：常常注意。从班级的排名可以知道，也可以跟自己以前的成绩和表现比较。

Q：当成绩进步，你会怎么想？会觉得如何？接下来会怎么做？

A：不会骄傲，争取取得更好的成绩和更大的进步。

Q：当成绩退步时，你会怎么想？会觉得如何？接下来会怎么做？

A：不会很难过也不会失落，会寻找原因，克服缺点，争取下次考好。

受访者在学习外其他方面进行自我比较的状况。

Q：你常常注意自己较有自信方面的表现进步或退步的情形吗？怎么知道有没有进步或退步？

A：常常注意。跟自己以前取得的成绩相比较。

Q：当这方面的表现进步时，你会怎么想？会觉得如何？接下来会想怎么做？

A：不会骄傲，争取取得更好的成绩和更大的进步。

Q：当这方面的表现退步时，你会怎么想？会觉得如何？接下来会想怎么做？

A：觉得肯定是自己哪里做得不够好，但不会气馁，会寻找原因，克服缺点，争取更大进步。

（二）访谈资料分析

依据访谈资料，该学生存在社会和自我比较行为。学生社会比较的动机是为了自我确认和自我改善；比较内容是学业表现；比较对象是自己熟悉和要好的朋友同学。自我比较的动机是自我确认和自我改善，比较内容是学业表现。自我和社会比较后，学生认知上对自己表现好或者不好的方面有更准确的评价；情绪上积极乐观，胜不骄，败不馁，没有出现明显的消极情绪；行为上以改进自己的行为为主，没有模仿其他同学的行为。

从访谈资料中，我们也可以看出该同学在班级中的成绩排名较靠前，对于自己没有比较优势的方面也是归因于自己的内部因素。总体来看，这位同学的比较类型是积极型比较。

二、受访者2

（一）访谈资料整理

基本资料：　程，女，8岁，小学三年级，性格文静，在校学习成绩优良。喜爱唱歌、跳舞。

受访者在学业上进行社会比较的状况。

Q：你认为考高分难不难？对你来说考高分是一件重要的事情吗？为什么？

A：我认为还好，只要我努力学习，我就能获取高分。我想每次考试都得高分，一方面我能得到老师的赞扬，同学们的羡慕，另一方面，我自己也很高兴。

Q：老师发考卷后你会不会希望知道别人的分数？为什么？

A：希望，我想看看我自己是进步了还是退步了，还想知道自己到底是比他们好还是差。

Q：你常注意别人的成绩吗？你最希望知道谁的成绩？他是你的同学吗？通常他的成绩都比你高，还是都比你低？

A：是的，Y(和她经常在一起玩)，她是我的同学，她的成绩有时比我好，有时比我差。

Q：你会以别人的分数当标准来决定自己的表现好或不好吗？

A：是的，她要是比我好的话，说明我退步了；如果没有我的高，我想我做得很好。

Q：当你知道别人的成绩比你好时，你会怎么想？会觉得如何？接下来会怎么做？

A：我会有点难过，我一定要更加努力，争取赶上他们。

Q：当你知道别人的分数不如你时，你会怎么想？会觉得如何？接下来会怎么做？

A：自己这次成绩只能说明这次考得好，自己不能骄傲，还有许多同学比自己还好，我要继续努力，争取更大的进步。

Q：你在班上定期测试时的平均分数大约是多少？大都考第几名？

A：数学93左右；语文88-95；英语95分以上。一般在十几名。

受访者在学习外其他方面进行社会比较的状况。

Q：读书之外，你认为哪一件事情是自己做起来相当有把握的？

A：跳舞。

Q：你认为做这件事对你重不重要？为什么？

A：重要，通过跳舞，可以塑造形体、锻炼身体，可以登台演出，长大了还可以当舞蹈家。

Q：你会不会去注意别人这方面的表现？为什么？

A：会，当我的舞蹈动作做得不好的时候，我可以向她们学习。

Q：你会去注意哪些人这方面的表现？他是你的同学吗？通常他的表现都比你好、差不多还是比你差？

A：M（既是程的同班同学，也是舞蹈班的同学）；她是我的同学；她的表现和我差不多。

Q：你会以别人的表现标准来决定自己的表现好或不好吗？

A：是的。

Q：当你知道别人表现得比你好时，你会怎么想？会觉得如何？接下来会怎么做？

A：有点不开心，我要下决心把动作做好。舞蹈课后，对老师教的动作进行更多的练习，直到自己满意为止。

Q：当你知道别人表现得比你差时，你会怎么想？会觉得如何？接下来会怎么做？

A：应该帮她，让她向其他同学学习。我也要继续努力，向更好的同学学习，做得更好。

受访者在学业上进行自我比较的状况。

Q：你常常注意自己成绩进步或退步的情形吗？怎么知道有没有进步或退步？

A：是的，我可以通过老师上课的点名、老师的赞扬，上课老师提问的问题，课后的作业会做不会做，还有通过考试来知道有没有进步或退步。

Q：当成绩进步时，你会怎么想？会觉得如何？接下来会怎么做？

A：很高兴，要继续努力，不能放松，会更加热爱学习。

Q：当成绩退步时，你会怎么想？会觉得如何？接下来会怎么做？

A：不高兴，我会认为是我的马虎、粗心造成的。我要改正这些缺点。

受访者在学习外其他方面进行自我比较的状况。

Q：你常常注意自己较有自信方面的表现进步或退步的情形吗？怎么知道有没有进步或退步？

A：是的，上舞蹈课的时候，老师表扬我的动作优美，让其他同学向我学习。这说明我进步了。如果老师批评了我，就说明我退步了。

Q：当这方面的表现进步时，你会怎么想？会觉得如何？接下来会想怎么做？

A：很高兴，会更加刻苦地练习。

Q：当这方面的表现退步时，你会怎么想？会觉得如何？接下来会想怎么做？

A：不太高兴，我要努力赶上。不要让老师再批评我。

（二）访谈资料分析

依据访谈资料，该学生存在社会和自我比较行为。学生社会比较的动机是为了自我确认，以及其他的外部动机，如获得父母和老师的肯定；比较内容是学业表现及有优势的特长表现；比较对象主要是自己熟悉和要好的朋友、同学。自我比较的动机是为了自我确认和自我改善，比较内容主要是学业表现和有优势的特长表现。自我和社会比较后，学生认知上对自己表现好或者不好的方面有更准确的评价，认为表现不好主要是自己的粗心造成的；情绪上会受到影响，如果表现不如比较对象，会出现不开心等消极情绪；行为上以改进自己的行为为主，帮助表现不如自己的同学，向表现比自己好的同学学习。

从访谈资料中，我们可以看出该同学在班级中的成绩排名居中。

虽然该同学的情绪较容易受比较结果的影响，但是总体来看，该同学还是属于积极型的比较类型。

三、受访者3

（一）访谈资料整理

基本资料：孙，男，9岁，小学四年级，性格内向，在校学习成绩优秀。喜爱看书、上网。

受访者在学业上进行社会比较的状况。

Q：你认为考高分难不难？对你来说考高分是一件重要的事情吗？为什么？

A：考高分不难。不是，考高分不代表所有的知识都掌握了。

Q：老师发考卷后你会不会希望知道别人的分数？为什么？

A：不希望。

Q：你常注意别人的成绩吗？你最希望知道谁的成绩？他是你的同学吗？通常他的成绩都比你高，还是都比你低？

A：不太注意。有时也比较一下，最希望知道S（大伯家的孩子，也上四年级）的成绩。他不是我的同学。他的成绩有时比我高，有时比我低。

Q：你会以别人的分数当标准来决定自己的表现好或不好吗？

A：会的。

Q：当你知道别人的成绩比你好时，你会怎么想？会觉得如何？接下来会怎么做？

A：感觉自己考试不细心，要好好学习，努力赶上。

Q：当你知道别人的分数不如你时，你会怎么想？会觉得如何？接下来会怎么做？

A：即使别人的成绩不如我，我也不能骄傲。

Q：你在班上定期测试时的平均分数大约是多少？大都考第几名？

A：平均在90分以上，大多数在前十名。

受访者在学习外其他方面进行社会比较的状况。

Q：读书之外，你认为哪一件事情是自己做起来相当有把握的？

A：骑自行车。

Q：你认为做这件事对你重不重要？为什么？

A：重要，可以提高自己骑车技术，是一种休闲、娱乐活动，还可以锻炼身体。

Q：你会不会去注意别人这方面的表现？为什么？

A：不会注意，因为这个年龄骑车的人很少。

Q：你会去注意哪些人这方面的表现？他是你的同学吗？通常他的表现都比你好、差不多还是比你差？

A：注意家长的表现，特别是爸爸的表现，骑车技术比我的好。

Q：你会以别人的表现标准来决定自己的表现好或不好吗？

A：一般不会，感觉比妈妈骑得好。

Q：当你知道别人表现得比你好时，你会怎么想？会觉得如何？接下来会怎么做？

A：向他学习。

Q：当你知道别人表现得比你差时，你会怎么想？会觉得如何？接下来会怎么做？

A：有一点高兴。

受访者在学业上进行自我比较的状况。

Q：你常常注意自己成绩进步或退步的情形吗？怎么知道有没有进步或退步？

A：注意。看成绩，根据考试分数与上次比较，或者与前几次比较。

Q：当成绩进步时，你会怎么想？会觉得如何？接下来会怎么做？

A：觉得很高兴，觉得虽然这次考得好了，但也要好好学习，争取下次考得更好。

Q：当成绩退步时，你会怎么想？会觉得如何？接下来会怎么做？

A：查找退步的原因，觉得自己是粗心了，接下来做题要仔细。

受访者在学习外其他方面进行自我比较的状况。

Q：你常常注意自己较有自信方面的表现进步或退步的情形吗？怎么知道有没有进步或退步？

A：不太注意进步和退步，除了学习之外，业余的不太注意进步和退步，感觉只会进步，不会退步。

Q：当这方面的表现进步时，你会怎么想？会觉得如何？接下来会想怎么做？

A：比较高兴，开心，继续做得更好

Q：当这方面的表现退步时，你会怎么想？会觉得如何？接下来会想怎么做？

A：感觉不会退步。

（二）访谈资料分析

依据访谈资料，该学生存在一定的社会和自我比较行为，但比较行为并不常出现。学生社会比较的动机较多出现在有优势的特长表现上，比较对象是自己的父母，比较动机是为了自我改善；自我比较主要内容是学业表现，比较目的是为了自我确认。自我和社会比较后，学生认知上对自己不足的方面有了认识，认为学业表现不好是自己不够细心造成的；情绪上没有受到明显影响；行为上在学习中自己会更加努力，在特长表现上，会向表现比自己好的同学学习。

从访谈资料中，我们可以看出该同学在班级中的成绩排名靠前，喜欢独处，喜爱看书、上网。总体来看，该同学属于场独立型的认知风格，思维具有独立性。社会比较与自我比较在学业及其他方面均不明显。

四、受访者4

（一）访谈资料整理

背景资料： 陈，女，11岁，小学六年级，性格活泼开朗。在校学习成绩优秀。业余爱好书法、跳舞等。

受访者在学业上进行社会比较的状况。

Q：你认为考高分难不难？对你来说考高分是一件重要的事情吗？为什么？

A：不难，不重要。因为我爸爸妈妈不会以考试的成绩来衡量我的成绩，他们看重我平时的表现。

Q：老师发考卷后你会不会希望知道别人的分数？为什么？

A：希望，我想知道这一段时间我到底是在用功还是没有用功，我也想知道我在班级的排名是多少。

Q：你常注意别人的成绩吗？你最希望知道谁的成绩？他是你的同学吗？通常他的成绩都比你高，还是都比你低？

A：注意别人的成绩。我最希望知道我们班长C的成绩，看他的成绩是比我好还是比我差。通常他的成绩比我好。

Q：你会以别人的分数当标准来决定自己的表现好或不好吗？

A：不会，即便是他的成绩比我的好。因为每个人都有自己的特长。

Q：当你知道别人的成绩比你好时，你会怎么想？会觉得如何？接下来会怎么做？

A：我会难过、不快乐。我会更加努力学习，争取赶上他。课堂上我会更加仔细地听讲，多看些课外的书籍来扩大知识面。

Q：当你知道别人的分数不如你时，你会怎么想？会觉得如何？接下来会怎么做？

A：心里比较高兴。但我会想这次考试或许是他没有发挥自己的真实水平。自己这次成绩只能说明这次考得好，还是不能骄傲，并希望他能够在下次的考试中发挥出真实水平来，看看我们俩的差距到底在哪。

Q：你在班上定期测试时的平均分数大约是多少？大都考第几名？

A：数学95左右；语文91-95；英语85分以上。一般在十名左右。

受访者在学习外其他方面进行社会比较的状况。

Q：读书之外，你认为哪一件事情是自己做起来相当有把握的？

A：书法。

Q：你认为做这件事对你重不重要？为什么？

A：不太重要，写字就是为了陶冶情操，提高自身的修养，不是为了获奖。

Q：你会不会去注意别人这方面的表现？为什么？

A：会，但不太关注。我只是写着玩玩。

Q：你会去注意哪些人这方面的表现？他是你的同学吗？通常他的表现都比你好、差不多还是比你差？

A：也会注意，不太关注。注意的话，也是学习班的学生。他们的表现和我差不多。

Q：你会以别人的表现标准来决定自己的表现好或不好吗？

A：不会。

Q：当你知道别人表现得比你好时，你会怎么想？会觉得如何？接下来会怎么做？

A：我不会难过，也不会太在意，每个人的接受能力有限，也有差异。

Q：当你知道别人表现得比你差时，你会怎么想？会觉得如何？接下来会怎么做？

A：心情比较高兴。我还要继续积极地努力，有更好的表现。

受访者在学业上进行自我比较的状况。

Q：你常常注意自己成绩进步或退步的情形吗？怎么知道有没有进步或退步？

A：是的，我可以通过老师平时的测试、学校组织的考试、上课老师提问的问题，课后的作业的完成质量来知道有没有进步或退步。

Q：当成绩进步时，你会怎么想？会觉得如何？接下来会怎么做？

A：很高兴，因为我进步了。我要继续努力学习，使成绩越来越好。

Q：当成绩退步时，你会怎么想？会觉得如何？接下来会怎么做？

A：不高兴，我会认为是我学习不努力的结果。我要更加努力。

受访者在学习外其他方面进行自我比较的状况。

Q：你常常注意自己较有自信方面的表现进步或退步的情形吗？怎么知道有没有进步或退步？

A：是的。练习书法的时候，与以前写的相比较，还有老师的评价。

Q：当这方面的表现进步时，你会怎么想？会觉得如何？接下来会想怎么做？

A：很高兴，会更加刻苦地练习。

Q：当这方面的表现退步时，你会怎么想？会觉得如何？接下来会想怎么做？

A：不太高兴，我会觉得退步是有原因的，可能是心情不好，也有可能是我没有经常练习或者是我练习时心不在焉，注意力不够集中。在下次课上，要努力赶上。

（二）访谈资料分析

依据访谈资料，该学生存在社会和自我比较行为。学生社会比较的动机是为了自我确认，看看自己能力的大小，及自己学业成绩在班级中的位置；比较内容是学业表现，至于学业外的优势特长，则不会去比较，认为那与每个人的能力不同有关；社会比较的对象是表现比她好的同学，如班长。学生自我比较的动机也是为了自我确认，自我比较的内容包括学业表现和有优势的特长表现。自我和社会比较后，学生认知上依据比较结果对自己近期的学习努力程度有一个准确评估；学业表现与他人比不如他人，或者与自己过去比退步了，会比较难过，而特长方面的比较结果不会影响学生的情绪；行为上不管比较的结果如何，都会更加努力学习。

从访谈资料中，我们可以看出该同学在班级中的成绩排名中等偏上，社会和自我比较的重点是学业比较。虽然该同学的情绪较容易受比较结果的影响，但是总体来看，该同学还是属于积极型的比较类型，其比较动机及比较后的认知和行为反应较积极。

五、受访者5

（一）访谈资料整理

背景资料：受访者，女，11岁，小学五年级，成绩中等以上。性格开朗活泼，与人交往能力较强。在学习和生活方面，态度上乐观积极，行动上努力踏实。平时体谅父母和老师，关心同学和朋友，人缘较好。

受访者在学业上进行社会比较的状况。

Q：你认为考高分难不难？对你来说考高分是一件重要的事情吗？为什么？

A：对我来说，文科要考高分比较轻松，而理科要考高分相对难一些，因为我的数学成绩较差，而语文一直是我的强项。我觉得考高分挺重要的，因为这一方面证明自己已经掌握了课堂上所学的知识，是自己学习能力强的表现；另一方面回家也可以向老爸老妈交代，因为他们看到我考高分总是很高兴的。

Q：老师发考卷后你会不会希望知道别人的分数？为什么？

A：当然想知道别人的分数了，特别是好朋友的分数。因为爸爸妈妈比较关心班里其他同学尤其是我的好朋友的分数；我自己也可以把别人的成绩作为参考。如果我的分数比别人低的话，我会努力赶上去；如果别人尤其是好朋友的分数比我的分数低的话，我会想办法帮助他们提高成绩。

Q：你常注意别人的成绩吗？你最希望知道谁的成绩？他是你的同学吗？通常他的成绩都比你高，还是都比你低？

A：如果是一般同学的话，我偶尔会注意一下他们的成绩。对关系和我比较"铁"的"铁哥们"、好朋友，我会经常关注他们的成绩。通常我的语文成绩比他们好；数学成绩差不多，都不太好；英语平时考试她的成绩比我好，大型考试我的成绩比她的好。

Q：你会以别人的分数当标准来决定自己的表现好或不好吗？

A：不，我一般是根据自己上一次的成绩决定自己的表现好或不好的。

Q：当你知道别人的成绩比你好时，你会怎么想？会觉得如何？接下来会怎么做？

A：稍微有点儿嫉妒。心里有点儿不服气，我要继续努力，下次考试再与她一争高下。为了达到我的目标，我会充分利用课余时间做好复习，下课后有不懂的地方多问老师，争取下次超过她。

Q：当你知道别人的分数不如你时，你会怎么想？会觉得如何？接下来会怎么做？

A：有点儿同情他们。可对那些学习态度不认真的学生，我觉得他们考不好是自作自受。我会尽力去帮助成绩比我差的同学，可具体怎么帮他们我还没有想好。

Q：你在班上定期测试时的平均分数大约是多少？大都考第几名？

A：我的语文平均分90分左右，数学65分左右，英语85分左右。一般语文都在前4名以内，数学前20名以内，英语前12名以内。

受访者在学习外其他方面进行社会比较的状况。

Q：读书之外，你认为哪一件事是自己做起来相当有把握的？

A：游泳吧！我的游泳成绩一般都是班级第一名。

Q：你认为做这件事对你重不重要？为什么？

A：我觉得游泳很重要啊！首先就是可以锻炼身体增强体质嘛！另外游泳还可以丰富我的课外生活呀！

Q：你会不会去注意别人这方面的表现？为什么？

A：会的，因为可以参考别人的游泳成绩，改进自己的游泳技术呀！

Q：你会去注意哪些人这方面的表现？他是你的同学吗？通常他的表现都比你好、差不多还是比你差？

A：通常我会注意好朋友在这方面的表现，一般情况下她们的表现都比我差。

Q：你会以别人的表现标准来决定自己的表现好或不好吗？

A：不，我一般以自己前一次游泳比赛的时间来决定自己的表现好或不好。

Q：当你知道别人表现得比你好时，你会怎么想？会觉得如何？接下来会怎么做？

A：我会去看他们游泳，学习他们游得好的地方。

Q：当你知道别人表现得比你差时，你会怎么想？会觉得如何？接下来会怎么做？

A：我会觉得很好笑。不过等她上岸后，我会给她提出真诚的建议和指导，因为我觉得自己的游泳水平还是挺高的。

受访者在学业上进行自我比较的状况。

Q：你常常注意自己成绩进步或退步的情形吗？怎么知道有没有进步或退步？

A：经常关注自己的成绩进步或退步情况，一般是根据老师的试卷批示语来判断进步或退步。

Q：当成绩进步时，你会怎么想？会觉得如何？接下来会怎么做？

A：心里美滋滋的，但觉得还应该继续努力，争取以后做得更好。

Q：当成绩退步时，你会怎么想？会觉得如何？接下来会怎么做？

A：很愧疚，觉得对不起关心自己的老师，不知该如何对爸爸妈妈交代。接下来就会给自己制定严格的学习计划，并严格按照自己的学习计划去做。

受访者在学习外其他方面进行自我比较的状况。

Q：你常常注意自己较有自信方面的表现进步或退步的情形吗？怎

么知道有没有进步或退步？

A：经常注意游泳方面的表现进步或退步情况。一般是根据自己上次游泳的成绩和自己的体力情况判断进步或退步情况。

Q：当这方面的表现进步时，你会怎么想？会觉得如何？接下来会想怎么做？

A：很高兴呗！觉得自己太棒了！为了进一步提高自己的游泳水平，双休日多锻炼身体、增强体质，使自己的身体更适合游泳。

Q：当这方面的表现退步时，你会怎么想？会觉得如何？接下来会想怎么做？

A：有点不舒服，觉得自己需要加油了。接下来会严格要求自己继续坚持游泳，反复练习，以此来增强体质、提高游泳水平。

（二）访谈资料分析

依据访谈资料，该学生存在社会和自我比较行为。学生社会比较的动机较复杂，既有自我确认的目的，也有自我提升和自我拉抬的目的；比较内容是学业表现和特长表现；比较对象主要是自己要好的朋友、同学。学生自我比较的动机主要是为了自我确认和自我改善，比较内容是学业和特长表现。自我和社会比较后，学生认知上依据比较结果继续努力；情绪上会受影响，如果自己不如别人，或者与以前比退步了，会愧疚或不开心；行为上会继续努力。

从访谈资料中，我们可以看出该同学有偏科情况，她自己也认识到了。对于学业及特长表现比自己好的同学有嫉妒和不服气，对不如自己的同学一方面会帮助，但另一方面又会认为他们是自作自受。总体来看，该同学社会比较和自我比较的动机复杂，情绪反应总体较消极，属于比较类型中的中间类型。

六、受访者6

（一）访谈资料整理

背景资料：张，男，12岁，班级前15名，性格文静。

受访者在学业上进行社会比较的状况。

Q：你认为考高分难不难？对你来说考高分是一件重要的事情吗？为什么？

A：考高分不难，只要好好地认真复习就能考高分。考高分是一件重要的事情。因为考高分可以让父母高兴，自己也高兴。爸爸妈妈还奖励我去吃肯德基或旅游。

Q：老师发考卷后你会不会希望知道别人的分数？为什么？

A：老师发卷后很想知道好朋友的分数。因为我们可以互相比较一下，互相促进。

Q：你常注意别人的成绩吗？你最希望知道谁的成绩？他是你的同学吗？通常他的成绩都比你高，还是都比你低？

A：有时候注意别人的成绩。最想知道那些各科最高分的同学的分数和朋友的分数。通常他们的分数比我高。

Q：你会以别人的分数当标准来决定自己的表现好或不好吗？

A：会以别人的分数作为标准来决定自己的表现好与坏。

Q：当你知道别人的成绩比你好时，你会怎么想？会觉得如何？接下来会怎么做？

A：当我知道别人的成绩比我好时，我是十分羡慕，觉得他们很厉害。我接下来会努力复习，争取下次考试时能够超过他们。如果能超过他们，我会很高兴。

Q：当你知道别人的分数不如你时，你会怎么想？会觉得如何？接下来会怎么做？

A：当我知道别人的成绩不如我时，我很高兴，觉得自己的努力没有白费。接下来我会注意保持。

Q：你在班上定期测试时的平均分数大约是多少？大都考第几名？

A：我的分数大约是语文78分、数学85分、英语80分。通常在前十名左右，肯定不会在15名之外。

受访者在学习外其他方面进行社会比较的状况。

Q：读书之外，你认为哪一件事情是自己做起来相当有把握的？

A：除了读书之外，我比较喜欢运动，比如羽毛球、游泳。这些做起来比较开心。

Q：你认为做这件事对你重不重要？为什么？

A：我认为运动挺重要的。爸爸和我打羽毛球，我总能打过他，我十分高兴。爸爸的游泳还是我教会的。

Q：你会不会去注意别人这方面的表现？为什么？

A：会注意别人在这方面的表现。三年级的时候，我们可以自己带羽毛球拍到学校，我们打羽毛球，有一次，我接连打下了四名同学。当我和爸爸打羽毛球时，我会用绝招，但是当爸爸学会我的绝招后，我会自己再创新争取打败他。

Q：你会去注意哪些人这方面的表现？他是你的同学吗？通常他的表现都比你好、差不多还是比你差？

A：注意朋友和爸爸的表现。我和同学都打游戏，我会经常注意他们的表现。通常他们的表现比我好，因为打游戏我没有太重视，只是玩玩罢了。我会注意我爸的表现，他的表现一般比我差。

Q：你会以别人的表现标准来决定自己的表现好或不好吗？

A：有时候我会以别人的表现来决定自己的表现好与坏。

Q：当你知道别人表现得比你好时，你会怎么想？会觉得如何？接下来会怎么做？

A：当知道我的表现比别人差时，我会分析是哪里的原因。不会觉得沮丧和内疚。接下来自己努力改进。

Q：当你知道别人表现得比你差时，你会怎么想？会觉得如何？接下来会怎么做？

A：当我表现比别人好时，自己十分高兴，接下来会注意保持。

受访者在学业上进行自我比较的状况。

Q：你常常注意自己成绩进步或退步的情形吗？怎么知道有没有进步或退步？

A：常常注意自己的成绩是否进步或退步。通常，我会看每次考试的成绩、老师的态度和学期的成绩单来了解自己进步与否。

Q：当成绩进步时，你会怎么想？会觉得如何？接下来会怎么做？

A：当我成绩进步时，我会想再进步。自己会十分高兴。接下来，努力争取再进步。我在四年级的时候，新来了一个班主任，我第一学期进步很大。但是，第二学期，我又退步了。妈妈骂了我，爸爸只是说了几句。通常是，爸爸带我去玩，妈妈关注我的学习。上五年级后，我的成绩是逐步提高，这是和以前不一样的地方。我还是喜欢每次进步一点点。

Q：当成绩退步时，你会怎么想？会觉得如何？接下来会怎么做？

A：当成绩退步时我会想为什么退步了。找出原因，然后做出改进。

受访者在学习外其他方面进行自我比较的状况。

Q：你常常注意自己较有自信方面的表现进步或退步的情形吗？怎么知道有没有进步或退步？

A：常常注意。通过和爸爸打球胜负的次数。

Q：当这方面的表现进步时，你会怎么想？会觉得如何？接下来会想怎么做？

A：觉得自己很厉害，自己很高兴，接下来自己保持。

Q：当这方面的表现退步时，你会怎么想？会觉得如何？接下来会想怎么做？

A：当表现退步时，自己想知道原因。觉得没什么大不了。找到原因，自己去改进。

（二）访谈资料分析

依据访谈资料，该学生存在社会和自我比较行为。学生社会比较的动机有一部分是为了自我拉抬，部分是为了通过努力来超过他人，在超过他人后会比较开心；比较对象是学业表现比自己好的同学和要好的同学；比较内容是学业表现和特长表现。自我和社会比较后，学生认知上会分析自己的不足之处，继续努力；情绪上受的影响不太大，对比自己表现好的同学有羡慕心理，对自己表现不如其他同学没有沮丧和内疚心理；行为上找到原因，努力超过比较对象。

从访谈资料中，我们可以看出该同学成绩属于中等水平。总体来看，结合比较动机和比较后的反应，这名同学的比较类型属于中间型。

七、受访者7

（一）访谈资料整理

背景资料：受访学生12岁，五年级，较瘦小的女孩，戴眼镜，略有点紧张和戒备。

受访者在学业上进行社会比较的状况。

Q：平时有什么喜欢的事情啊，看不看漫画啊、动画片啊什么的？

A：我都不看动画片和漫画的。老师都不让看这些，会看些课外书，老师让我们有时间多看课外书。

Q：那么有什么自己的爱好吗？

A：没有。

Q：那是不是主要时间都要学习啊。我听说现在小学的内容比我们读书的时候要难，你觉得你考高分容不容易呀？

A：容易。

Q：那能不能考高分重要吗？

A：很重要。

Q：为什么啊？

A：因为考高分"自尊心"会得到满足。

Q：自尊心？

A：对啊，考得好老师会表扬，发卷子的时候考得好的还有奖品鼓励。

Q：那发卷子的时候你想不想知道别人考得怎么样？

A：想。

Q：那你最想知道谁的分数？

A：嗯？

Q：比如说是你的同桌，好朋友，还是和你成绩差不多的人……

A：和我成绩差不多的人。

Q：那如果他们考得不好时，你会怎么样？

A：告诉他们家长。

Q：啊，真的啊，你平时能看到同学的家长吗？

A：对啊，放学的时候啊。

Q：那你会过去告诉他的父母说他考了多少分？

A：是啊。

Q：那如果发现大家考得都挺好呢，你怎么想？

A：我希望自己能更好一点。

Q：那如果你考得没有人家好呢？

A：我会嫉妒。

Q：你的成绩在你们班里能排什么位置？

A：前三分之一。

受访者在学习外其他方面进行社会比较的状况。

Q：除了读书上课之外，你们还有什么别的活动？

A：课外实践啊，学校会组织去青少年宫。

Q：做什么呢？

A：刻木板啊，泥塑啊。

Q：这些当中你有没有觉得自己做得比较好的？

A：没有。

Q：有没有做了之后让你感觉很好，很开心的事情？

A：周末的时候在青少年宫做木版画。

Q：木版画？

A：用刀在木板上刻好图案，再涂上颜料，印到纸上去。

Q：你的木版画做得还不错是吧？

A：恩，老师说我做得不错。

Q：那你会不会注意跟你一起学做木版画的同学做得怎么样？

A：不会。

Q：你不关心别人是不是比你做得还要好？

A：不关心。

Q：为什么在学校里你关心同学的学习成绩，在这你却不关心别人做得好不好？

A：在这不用管做得好不好，做得不好也没关系，做得好老师会鼓励你。

受访者在学业上进行自我比较的状况。

Q：你考试时如果考得不如以前好，你是什么感觉？

A：我的感觉是很沮丧。

Q："沮丧"？

A：嗯。

Q：你觉得沮丧是什么意思？

A：就是……不高兴。

Q：之后你会怎么样？

A：会努力争取下次考得好。

Q：那如果考得比以前好呢？

A：我会很高兴。

Q：为什么呢？

A：因为这样家长也会有奖励。

Q：什么奖励？

A：玩具啊，像我比较喜欢洋娃娃。

受访者在学习外其他方面进行自我比较的状况。

Q：你有没有注意你在别的方面进步还是退步，比如木版画？

A：没有。

Q：你不知道自己有没有进步？

A：不知道。

（二）访谈资料分析

依据访谈资料，该学生在学业表现上存在社会和自我比较行为。该学生学业社会和自我比较的动机是为了自我拉抬，高分及表现比他人好能够满足其自尊心。社会比较对象是成绩与自己差不多的同学。社会和自我比较后，在认知上没有形成正确的认知，认知较混乱；情绪上会嫉妒成绩比自己好的同学；行为上没有积极的表现，有时候会出现一些消极行为，如向不如自己的同学家长"告状"。

从访谈资料中，我们可以看出该同学成绩中等。总体来看，比较动机较消极，人际关系上似乎存在一些障碍。从比较类型看，可能偏向消极型。

八、受访者8

（一）访谈资料整理

背景资料：受访学生12岁，五年级，带着笑容走进来的女孩，给人第一感觉比较活泼开朗。

受访者在学业上进行社会比较的状况。

Q：你觉得考试对你来说重要吗？

A：很重要啊。考试很恐怖。

Q：恐怖？为什么呢？

A：因为考得不好家长会说的啊。

Q：你考得怎么样家长全都知道？

A：对啊，考卷都要家长签字的。

Q：那你的成绩怎么样？

A：还可以。

Q：发卷子的时候你想知道别人的成绩吗？

A：很想。

Q：你想知道谁的成绩？

A：平均分。

Q：除了平均分，有没有具体某个同学的？

A：我们班最后一名的。

Q：为什么？

A：因为如果他考得不好会影响我们班的平均分。

Q：你为什么要在乎班级的平均分？

A：因为平均分低会影响我们班的荣誉，他考得不好，大家都会说他，让他做得更好。

Q：你的成绩在班级里是什么位置？

A：前三分之一。

Q：你关心和你成绩差不多的同学的分数吗？

A：不关心。

受访者在学习外其他方面进行社会比较的状况。

Q：除了学习以外你还擅长什么？

A：跑步。

Q：长跑还是短跑？

A：短跑。

Q：你觉得这件事对你重不重要?

A：重要，做运动员是我的梦想。

Q：你会不会注意别人在跑步方面的水平?

A：会啊。

Q：你一般和什么人比较?

A：我喜欢和男生比，如果我跑得比男生快我就很开心。

Q：那如果跑不过男生呢?

A：跑不过男生我会不高兴。

Q：那么在女生里你算是跑得很快的了?

A：嗯，运动会时接力赛我跑第一棒，和我一起跑的都是别的班跑得最快的，我跑了第二。

受访者在学业上进行自我比较的状况。

Q：你会不会注意到自己的学习成绩是进步还是退步?

A：会。

Q：如果你考得不如以前好的话你会怎么样?

A：我会觉得伤心。

Q：然后呢，你会怎么办?

A：我会自己找找原因。

Q：那原因一般是什么?

A：马虎。

Q：除了马虎以外呢?

A：嗯……一般都是马虎。

受访者在学习外其他方面进行自我比较的状况。

Q：听说你们班很多同学都会去少年宫，你也去吗？

A：嗯。

Q：什么时候？

A：周六周日。

Q：你在少年宫学些什么？

A：综合班、剑桥英语。

Q：综合班的内容是？

A：语文和数学。

Q：数学是奥数喽？

A：是的，数学比平时学得难一些，语文主要是作文。

Q：那你会不会和一起参加综合班的人比谁学得好？

A：不会。综合班不排名次，不打分数。

Q：那卷子发下来你会不会关心别人做得怎么样？

A：会。

Q：你关心谁的？

A：前后左右的。

Q：那在学校里的时候，有成绩和名次时，你是看名次还是成绩？

A：数学看名次，语文看成绩。

Q：为什么？

A：因为我的数学成绩比语文好。

Q：所以要看自己数学成绩在班里能排在第几名是吧？

A：嗯。

Q：那语文呢？

A：考得比较好就行。

Q：比较好的意思是和什么比比较好？

A：和自己比，有进步就行。

Q：有进步后什么感觉？

A：很开心。

（二）访谈资料分析

依据访谈资料，该学生不存在学业社会比较行为，在学业上关心平均分和成绩最差的学生，但这种关心是为了集体荣誉，与自我无关。特长表现的社会比较对象是不同性别的同学，比较动机部分是为了自我拉抬。该学生存在学业自我比较，学业自我比较的动机是为了自我确认和自我提升。社会和自我比较后，积极的比较结果让这学生很开心，认知上认为学业表现不好的原因是马虎，行为上谈到自己会找原因。

总体来看，相比较于学业表现，该学生更重视特长表现，在学业上更看重班级整体的表现。个体的社会和学业比较倾向并不明显，依据访谈的结果很难判断其比较的类型。

九、受访者9

（一）访谈资料整理

背景资料：华，女，13岁，小学五年级学生，学习成绩在班级前十名；扎着一条马尾辫，大而有神的眼睛，右脸颊有一个小酒窝，笑起来感觉很爽朗。

受访者在学业上进行社会比较的状况。

Q：你对中考、高考之类的考试有没有什么了解？认为它们难吗？重要吗？为什么？

A：我对这些考试不太了解，觉得它们很难，也很重要。因为有时候我很粗心大意，考试就考不好。我想上大学，将来做个设计师。

Q：每次考试发完试卷后，你会不会想知道班里其他同学考了多少分？为什么？

A：想知道，因为我可以和班级里其他同学来比较，这样就可以看到差距，看到自己的不足。

Q：你经常会去注意别人的成绩吗？你最想知道谁的成绩？通常他的成绩是比你高，还是比你低？

A：不太经常，我想知道比我好的那些同学的成绩。和班上排名在我前面的学生比，但是他们的成绩也不一定比我高，我们都差不多的。可能这次他比我考得好，下次我比他考得好。

Q：每次考卷发下来之后，想不想去看别人的成绩？尤其是你通常的比较对象的成绩？

A：想。基本上每次都看的。

Q：当你看到别的同学的成绩比你高时，有没有觉得自己表现得很不好，不如别人？你会怎样想？

A：不会。我觉得我考得好不好是我自己的事情，没必要去和别人比。考得不好可能是我太大意了，我只要和我过去的成绩比就好了。

Q：当你知道别人比你考得好，你感觉如何？会怎样想？又会怎样做呢？

A：自我反省一下。自己为什么考不好。是因为自己太粗心大意还是自己太傻、太笨了。比如说我在练习中都做对的题，可能在考试中就做错了，我就要分析一下是不是自己太马虎了，还是自己根本就不会。

Q：当你知道别人没你考得好时，你感觉如何？会怎么想？又会怎么做呢?

A:我要高兴死了,很兴奋。但是我也会去安慰她们,告诉他们不要担心,他们只是这一次没考好,我这次也没考好,我们可以一起努力,下次考得更好。

受访者在学习外其他方面进行社会比较的状况。

Q:除了读书学习之外,你认为自己还擅长做哪些事情?就是自己感觉还能做得很好。

A:擅长?(无奈的表情)那就是干家务和与别人交流吧。我有很多朋友,经常能和他们很好地交流、沟通。

Q:你认为这些事情对你来说重要不重要?为什么?

A:重要。因为这样我不会感到无聊。

Q:你会不会去注意周围的同学在这些方面的表现?为什么?

A:会,因为我觉得如果她(同学)在这方面表现好的话,我们就有共同的爱好和兴趣,更容易交朋友。

Q:你通常会注意周围哪些人在这些方面的表现呢?通常他们比你做的好还是没你做得好?你会怎么想?

A:好朋友。他们比我做得好。我可以从他们那里学习怎么来做得更好。我会告诉自己,一定要做好,要不然就完了。

Q:你会不会根据周围同学在这方面的表现(做家务,交流)来衡量自己做得好不好?

A:不会。

Q:当你知道别人在这些方面表现得比你好时,你会怎么想?会怎么做?

A:有点嫉妒。然后自己继续努力,一定要做得很好。

Q：当你知道别人在这些方面表现得没你好时，你会怎么想？会怎么做？

A：会去帮助她提高，有时候也会有一点厌恶。

受访者在学业上进行自我比较的状况。

Q：你会常常来比较自己的学习成绩有没有进步吗？你是怎么知道自己进步了还是退步了？

A：没有常常。我们平时有很多考试，如果考试成绩提高了，就进步了；下降了，就后退了。

Q：学习成绩进步时你感觉如何？会怎么想？之后又会怎么做？

A：感觉很兴奋，终于有提高了。会增加课外学习活动，争取在下次考试中考得更好。

Q：当成绩退步时，你感觉如何？会怎么想？之后又会怎么做？

A：感觉糟糕极了。怎么又没考好。我会更加努力，争取下次考得更好。

受访者在学习外其他方面进行自我比较的状况。

Q：你常常会注意自己在做家务、与人沟通方面的进步或是退步吗？你是怎么知道自己的进步还是退步的？

A：没有注意到。只是感觉朋友多了，同学之间的距离更亲密了。这可能就是进步吧。有时候我发现身边的朋友变了，与以前有点不一样了，我就会找她谈话，尽我所能去了解她怎么了。

总结性问题。

Q：不管是在对学习成绩或是做家务等方面作比较的时候，你每次都会和同样的人比较，还是每次都有不同的比较对象？

A：在班级里，每次都会和那几个同学比较（班级前几名）；除了学习之外，在做家务方面，会和自己的朋友比。

Q：在平时和班级里其他同学的比较当中，有没有哪一次的比较让你印象深刻，很有感触？

A：有的，那是四年级的一次考试，我考得特别差。当时感觉很糟糕，对我自己都否定了，也很害怕，所以就想下一次考试一定要考好。

Q：除了在学习上进行比较，通常大家在放学的路上聊天都聊些什么？

A：我们会问今天有什么有意思的事啊，你做了什么好玩的？有时候谈谈成绩，除此之外就没有了。

Q：每个人都很愿意谈成绩吗？

A：也不是的，我们每次谈成绩都是小心翼翼的，也只是在好朋友之间会谈。问朋友考得好不好，考了多少。

（二）访谈资料分析

依据访谈资料，该学生存在社会和自我比较行为。学生社会比较的动机是为了自我确认；比较内容是学业表现和特长表现；学业表现的社会比较对象是成绩比自己好的同学，特长表现的比较对象是关系好的同学和朋友。自我比较的主要内容是学业比较。自我和社会比较后，在认知上，受访学生对自己有一个更清楚的认识，会更深入地了解自己的缺点和不足；当表现比其他同学好时会兴奋，表现不如其他同学时会有些嫉妒；在行为上，会进行自我反省，努力做得更好。

该受访学生虽然谈到自己不太经常和他人进行学业比较，但事实上每次考试后都会看其他同学的成绩。在比较动机上，学业比较主要是为了自我确认，特长表现比较主要是为了寻找有共同兴趣爱好的朋友。因此，该学生在比较类型上总体是属于积极型。

十、受访者10

(一) 访谈资料整理

背景资料：受访学生，女，12岁，语文、数学成绩不太稳定，英语成绩比较好，其他科目如美术、音乐、品德等比较稳定。

受访者在学业上进行社会比较的状况。

Q：你认为考高分难不难？对你来说考高分是一件重要的事情吗？为什么？

A：比较难，但我觉得这个不太重要。因为高分只是一个阶段学习下来的概况，只是一个人一方面的成绩，还需看平时成绩，看生活习惯。

Q：老师发考卷后你会不会希望知道别人的分数？为什么？

A：蛮希望的。自己考高分只是自己的成绩，如果知道别人的成绩，可以进行比较，看自己是否落后于其他同学。

Q：你常注意别人的成绩吗？你最希望知道谁的成绩？他是你的同学吗？通常他的成绩都比你高，还是都比你低？

A：比较注意。我最希望知道的是班长，还有那些成绩和自己差不多的同学。他们除了英语成绩比我好，其他成绩说不定。有时他们比我好，有时我比他们好。

Q：你会以别人的分数当标准来决定自己的表现好或不好吗？

A：不会的。因为我觉得考高分并不重要。高分只是自己的一个概况。如果没考好，我可以在期末进行改进。

Q：当你知道别人的成绩比你好时，你会怎么想？会觉得如何？接下来会怎么做？

A：我会觉得是自己学习不够努力，会觉得可以考得更好些。接下来我会把他的分数定为自己的目标，然后努力学习，尽量超过他。

Q：当你知道别人的分数不如你时，你会怎么想？会觉得如何？接下来会怎么做？

A：我觉得考高分是自己努力的结果，会很开心，但我稍微会有些骄傲。一骄傲我的成绩会有所下降，因为我不怎么努力了。

Q：你在班上定期测试时的平均分数大约是多少？大都考第几名？

A：数学、语文大约80分，英语90分，其他科目可能会在90分、80分这样。我的成绩排名在班级十几名，属于中等。

受访者在学习外其他方面进行社会比较的状况。

Q：读书之外，你认为哪一件事情是自己做起来相当有把握的？

A：骑自行车。

Q：你认为做这件事对你重不重要？为什么？

A：其实比较重要。因为心情不好时去骑自行车，心情会好，周末和同学出去骑车，一是为了快乐，二是锻炼身体。

Q：你会不会去注意别人这方面的表现？为什么？

A：不会的。这只是个人爱好，只是喜欢而已。

Q：你会去注意哪些人这方面的表现？他是你的同学吗？通常他的表现都比你好、差不多还是比你差？

A：同在一个小区的一些孩子。不一定，有些不是同一学校的。他们表现差不多，有时会有一些小技巧。

Q：你会以别人的表现标准来决定自己的表现好或不好吗？

A：不会的。我觉得这是嫉妒别人的表现。我觉得自己的标准重要。

Q：当你知道别人表现得比你好时，你会怎么想？会觉得如何？接下来会怎么做？

A：我觉得人都有自己所擅长的项目。如果我在某方面比别人差，我会向别人请教。

Q：当你知道别人表现得比你差时，你会怎么想？会觉得如何？接下来会怎么做？

A：我想是我比别人练得多。我会有点高兴。我会叫他来骑车，会教他怎么骑车，鼓励他，自己给他做示范。其他人做这件事没我好或我知道错在哪里，我会去教他。

受访者在学业上进行自我比较的状况。

Q：你常常注意自己成绩进步或退步的情形吗？怎么知道有没有进步或退步？

A：我不太注意。我爸爸妈妈会跟我说的，他们会提醒我成绩进步了还是退步了，有时候老师也会说的。

Q：当成绩进步时，你会怎么想？会觉得如何？接下来会怎么做？

A：我会高兴，我挺会骄傲的。心里想下次我也要考得差不多，甚至更好，但不是很能保持。

Q：当成绩退步时，你会怎么想？会觉得如何？接下来会怎么做？

A：我会看看自己错在哪里，问问父母、老师，错的地方再看一遍，下次不再错。

受访者在学习外其他方面进行自我比较的状况。

Q：你常常注意自己较有自信方面的表现进步或退步的情形吗？怎么知道有没有进步或退步？

A：不太注意。是通过考试或老师、同学的评价知道的。

Q：当这方面的表现进步时，你会怎么想？会觉得如何？接下来想怎么做？

A：开心，我会想是因为上次努力才考好的，接下来再努力超过这个分，再创高分，像骑自行车，越努力练，会骑得更好。

Q：当这方面的表现退步时，你会怎么想？会觉得如何？接下来会想怎么做？

A：会蛮沮丧的，怎么这个没上次好。但我会努力调整的，下次考得更好。多学一些课外知识，有些课外拓展很好。

（二）访谈资料分析

依据访谈资料，该学生存在学业社会和自我比较行为，在特长表现上不存在社会和自我比较。该学生社会比较的目的是自我确认，确定自己是否落后于其他同学；社会比较的内容是学业表现，对于特长表现是否优于或差于其他同学，并不关注，认为这只是个人爱好；学生社会比较的对象是成绩优于自己的同学，及成绩与自己差不多的同学。自我比较的主要内容是学业表现，学生自己没有学业自我比较的动机，更多是在父母影响下被动进行的比较。学业社会比较后，如果学业表现比其他同学好，会感到高兴，如果学业表现不如其他同学，会有沮丧感；认知上能够把不如他人归于自己不够努力等原因；在行为上会通过自己努力来超过其他同学。

从访谈资料中，我们可以看出该同学成绩中等。结合受访学生比较动机及比较后的反应，该学生的比较类型总体上是积极型。

十一、受访者11

（一）访谈资料整理

背景资料：吴，女，11岁，小学五年级学生，独生女，家有爸爸、妈妈，成绩中等偏上，活泼开朗。

受访者在学业上进行社会比较的状况。

Q：你认为考高分难不难？对你来说考高分是一件重要的事情吗？为什么？

A：我觉得不难。考高分不能说不重要，如果考到了高分当然很好，但是如果没考好也没有太大的关系，我觉得经验比分数更重要。

Q：老师发考卷后你会不会希望知道别人的分数？为什么？

A：有时会，有时不会。觉得这是别人的隐私。

Q：你常注意别人的成绩吗？你最希望知道谁的成绩？他是你的同学吗？通常他的成绩都比你高，还是都比你低？

A：不会。好朋友或者是成绩好的同学。是的。和好朋友的好像都差不多，有时他高一点有时我高一点，不过都差不多。

Q：你会以别人的分数当标准来决定自己的表现好或不好吗？

A：不太会。

Q：当你知道别人的成绩比你好时，你会怎么想？会觉得如何？接下来会怎么做？

A：我要努力。有时有点失落。上课认真听，并且积极回答；放学回家认真完成家庭作业。

Q：当你知道别人的分数不如你时，你会怎么想？会觉得如何？接下来会怎么做？

A：鼓励他。我不要骄傲。如果他需要帮助我就帮助他。

Q：你在班上定期测试时的平均分数大约是多少？大都考第几名？

A：上学期期末总的平均下来大约85分以上。我也不太清楚，我们班没有排名次。

受访者在学习外其他方面进行社会比较的状况。

Q：读书之外，你认为哪一件事情是自己做起来相当有把握的？

A：书法吧。

Q：你认为做这件事对你重不重要？为什么？

A：重要。任何时候都可以用上，我学的硬笔书法。

Q：你会不会去注意别人这方面的表现？为什么？

A：不太会。因为好像大家各有特色吧。

Q：你会去注意哪些人这方面的表现？他是你的同学吗？通常他的表现都比你好、差不多还是比你差？

A：不太会。

Q：你会以别人的表现标准来决定自己的表现好或不好吗？

A：有时会。

Q：当你知道别人表现得比你好时，你会怎么想？会觉得如何？接下来会怎么做？

A：找到为什么，比较前后自己书法情况。

Q：当你知道别人表现得比你差时，你会怎么想？会觉得如何？接下来会怎么做？

A：我要做得更好。不会怎么样。继续努力练习。

受访者在学业上进行自我比较的状况。

Q：你常常注意自己成绩进步或退步的情形吗？怎么知道有没有进步或退步？

A：会的。比较自己上一次的分数。班级平均分。

Q：当成绩进步时，你会怎么想？会觉得如何？接下来会怎么做？

A：高兴。应该继续努力。

Q：当成绩退步时，你会怎么想？会觉得如何？接下来会怎么做？

A：伤心。看看为什么，然后认真学习。

受访者在学习外其他方面进行自我比较的状况。

Q：你常常注意自己较有自信方面的表现进步或退步的情形吗？怎么知道有没有进步或退步？

A：会。前后比较。

Q：当这方面的表现进步时，你会怎么想？会觉得如何？接下来会想怎么做？

A：高兴。不会怎么想。继续努力。

Q：当这方面的表现退步时，你会怎么想？会觉得如何？接下来会想怎么做？

A：想为什么会退步，前后对比找到原因，多练。

（二）访谈资料分析

依据访谈资料，该学生基本不存在社会比较行为，存在自我比较行为。该受访学生认为成绩及特长属于他人的隐私，所以她并不太想知道他人的学业及特长表现。在自我比较上，该学生会和自己上一次的平均成绩比较。自我比较后，认知上会了解表现退步的原因；情绪上进步会高兴，退步会伤心；行为上会继续努力认真学习。

总体来看，该受访学生不存在社会比较行为，根据其自我比较的行为特点，属于积极型比较。

十二、受访者12

（一）访谈资料整理

背景资料：受访者是杭州市某小学五年级的一名学生，13岁，女。

该学生穿着朴素，外表乖巧，是一个典型的"乖乖女"。学习成绩优异，学习态度积极向上，努力踏实，是班级的学习委员。言语表达清晰流利。和同学关系良好。

受访者在学业上进行社会比较的状况。

Q：你认为考高分难不难？对你来说考高分是一件重要的事情吗？为什么？

A：我认为对我来说考高分还是比较难的一件事，需要很辛苦地去学习，还要参加考试，很麻烦的。考高分对我来说并不是一件重要的事情，因为考试毕竟只是一个检验学习成果的形式，如果是高分，说明我这一阶段学得不错，如果是不好的成绩，说明我这一阶段学习效果不是很好，要尽快改进。努力就好，所以考高分不是很重要。

Q：老师发考卷后你会不会希望知道别人的分数？为什么？

A：老师每次发考卷后，我还是很希望知道别人的分数的。因为我想知道是我的分数好还是别人的分数好，这样比较之后，如果是我的好，我想这个分数是对我一段时间以来努力的肯定，如果别人的分数更好，这会让我有紧张感，促进我更加努力。

Q：你常注意别人的成绩吗？你最希望知道谁的成绩？他是你的同学吗？通常他的成绩都比你高，还是都比你低？

A：我经常注意别人的成绩，最希望知道我们班的班长和副班长的成绩了，他们是班级学习好的同学，所以知道他们的成绩一般就是知道了班级的最好成绩。通常我们的成绩是不分上下的，很难说谁的高谁的低，大多数情况下，我们是差不多的，甚至是一样的。

Q：你会以别人的分数当标准来决定自己的表现好或不好吗？

A：通常我不会以别人的分数当标准来决定自己的表现好或不好

的，因为自己的成绩好坏有很多种情况，有时候马虎也会导致分数低，所以每次考试成绩出来之后，我都会对自己的卷面做一个全面的分析，来判断自己的表现如何。

Q：当你知道别人的成绩比你好时，你会怎么想？会觉得如何？接下来会怎么做？

A：当我知道别人的成绩比我好时，我会想为什么我的成绩没有别人好。我会有点不服气，我会想要超过他们，接下来我会更加努力学习，比如妈妈给我留一张试卷做，我会主动做两张，给自己一点压力，争取下次做得更好。

Q：当你知道别人的分数不如你时，你会怎么想？会觉得如何？接下来会怎么做？

A：当我知道别人的分数不如我时，我一般不会想什么，不会有嘲笑别人的想法的。我会按照自己的标准，和往常一样努力学习，严格要求自己。

Q：你在班上定期测试时的平均分数大约是多少？大都考第几名？

A：我在班上定期测试时，各科平均分数大约都在90分以上，一般情况下，我的数学成绩是前三名，语文成绩是前两名，英语成绩也是前三名之内。期中期末考试，我的总成绩都能排在班级前三名。

受访者在学习外其他方面进行社会比较的状况。

Q：读书之外，你认为哪一件事是自己做起来相当有把握的？

A：读书之外，我认为弹电子琴是我做起来比较有把握的事，因为我在小时候有学过，自己还是比较感兴趣的。

Q：你认为做这件事对你重不重要？为什么？

A：我认为弹电子琴这件事对我来说不是很重要，一般情况下，我只是玩一玩，放松心情。

　　Q：你会不会去注意别人这方面的表现？为什么？

　　Q：一般情况下我不会注意别人这方面表现的，也没什么原因，觉得自己没什么时间去关注。

　　Q：你会去注意哪些人这方面的表现？他是你的同学吗？通常他的表现都比你好、差不多还是比你差？

　　A：通常我不会注意别人这方面表现的，不过有时候老师表扬哪位同学有哪方面特长的时候，我还是偶尔会关注一下，还有就是会关注一下特长比较多的同学。他们通常是我们班的同学，不过至于谁的表现更好，我是不会太介意的，一般不会关注了。

　　Q：你会以别人的表现标准来决定自己的表现好或不好吗？

　　A：不会的，我觉得我弹电子琴本身只是我的一个娱乐消遣，我自己的表现好不好，我都无所谓的。

　　Q：当你知道别人表现得比你好时，你会怎么想？会觉得如何？接下来会怎么做？

　　A：别人表现比我好的话，我会有点羡慕，不过不会怎么做啦，顺其自然就好了。

　　Q：当你知道别人表现得比你差时，你会怎么想？会觉得如何？接下来会怎么做？

　　A：别人表现比我差时，我一般没什么想法的，在这方面，我很少会和同学作比较，最多觉得自己会弹电子琴是比别人多的一项特长吧。

　　受访者在学业上进行自我比较的状况。

　　Q：你常常注意自己成绩进步或退步的情形吗？怎么知道有没有进步或退步？

A：我常常注意自己成绩进步或退步的情形的，可以说是很关心的。通过平时表现，考试成绩以及课外培训等，我可以了解到自己的进步或退步的。

Q：当成绩进步时，你会怎么想？会觉得如何？接下来会怎么做？

A：当我成绩进步时，我会很高兴的，我会觉得自己的努力没有白费，但是我不会骄傲的，会和以前一样努力学习。

Q：当成绩退步时，你会怎么想？会觉得如何？接下来会怎么做？

A：当我成绩退步时，我会有些不开心，甚至有点愧疚，不知道怎么和爸爸妈妈交代。我会更加努力，并告诉自己下次不能这样了。接下来，在上课时，会更加认真听老师讲课，回家之后会认真预习和复习，多做练习，争取下次取得好成绩。

受访者在学习外其他方面进行自我比较的状况。

Q：你常常注意自己较有自信方面的表现进步或退步的情形吗？怎么知道有没有进步或退步？

A：我一般不会关注这一方面的事情的，其实我都好久没有弹电子琴了，进步退步对我来说都无所谓的。

Q：当这方面的表现进步时，你会怎么想？会觉得如何？接下来会想怎么做？

A：哈哈，如果是进步了，简直是奇迹了，因为我都差不多不记得怎么弹了，好久没碰了，进步的话当然欣喜若狂了。

Q：当这方面的表现退步时，你会怎么想？会觉得如何？接下来会想怎么做？

A：退步是必然啊，所以我也不会有什么想法，我都只有在无聊的时候，才拿出电子琴弹一弹。

（二）访谈资料分析

根据访谈资料，受访学生在学业上存在社会和自我比较行为，在特长表现上的比较行为不明显。学生学业社会比较的动机主要是为了自我确认；比较对象是成绩比自己好的同学。学业自我比较的动机同样是为了自我确认。在学业社会和自我比较后，认知上会希望通过自己的努力超过表现比自己好的同学；情绪上当表现不如他人时会有一些不服气的心理，成绩退步时会有愧疚心理，表现进步或比他人好时，会比较开心；行为上更加努力，加倍完成学习任务，上课更加认真听课。

从访谈资料中，我们可以看出该同学成绩较好，一般排名在前三名。学生的学业比较总体上属于积极型。

根据本章的访谈结果，我们可以得出以下几个结论：

1. 儿童的社会比较和自我比较普遍存在，特别是学业方面的自我比较与社会比较。总体来看，儿童更愿意与和自己水平相当或者水平高于自己的同伴进行比较，与水平不如自己的同伴比较较少。另外，儿童对于学业外的比较一般较关注自己的优势能力或者感兴趣的能力，而不是其他方面。当然，也有个别儿童不太会与他人进行比较，但笔者认为根据访谈资料的分析，此类学生在人际交往方面似乎存在一定的障碍。

2. 儿童的比较能够影响儿童的认知、情感和行为，影响儿童的幸福感受。从访谈结果我们可以看出，基本上每位儿童都很关注比较的结果，自己与比较对象相比是强还是弱。而这种比较结果能够引发儿童的情绪反应，使儿童高兴或者难过。另外，也会引发儿童的认知反应和行为反应，儿童会对这种比较的结果进行积极或消极的认知，再根据认知结果调整自己以后的行为模式，如有学生谈到，"当我成绩退步时，我会有些不开心，甚至有点愧疚，不知道怎么和爸爸妈妈交代。我会更加努力，并告诉自己下次不能这样了。接下来，在上课时，会更加认真听老师讲课，回家之后会认真预习和复习，多做练习，争取下次的好成绩"。这是儿童比较后情绪、认知和行为联动反应的典型表现。而儿童认知、情绪和行为反应的综合，自然会使儿童的幸福感受发生变化。

3. 学业比较是儿童社会与自我比较的主要内容。虽然儿童没有特别强调学业比较的重要性，但从访谈结果的研究可以看出，儿童学业比较的重要性要大于其他方面的比较。其他方面如兴趣爱好的比较，儿童更多地把这些认为是陶冶情操或者强身健体的内容，没有过分重视。

第七章

自我与社会比较对儿童幸福感
影响的实证调查研究

如前面章节所述，对于12–18岁的儿童（初中阶段与高中阶段的儿童），我们采用问卷的形式探索其自我比较与社会比较对幸福感的影响。考虑到学业对这一阶段儿童的重要性，以及第六章访谈研究和案例研究知悉的儿童比较的重点内容是学业，本章研究内容关注这一年龄阶段儿童学业自我与社会比较对其幸福感的影响。本章包括自我与社会比较对儿童幸福感影响的研究方法、研究结果及研究结论与讨论三个部分。

第一节　自我与社会比较对儿童幸福感影响的研究方法

一、研究取样

本研究采用整群随机取样法，以杭州市三所中学（杭州市光明初中、杭州市西湖高级中学、杭州市第十中学）的学生为调查对象，共发放了 400 份问卷，回收有效问卷 330 份，问卷的回收率为 82.5%。被试的平均年龄为 16.62 岁[1]。样本的人口学构成如表 7-1 所示。

表 7-1　　　　研究样本被试基本情况一览（n=330）

人口统计学变量	类别	人数	百分比（%）
性别	男	167	50.6
	女	163	49.4
学校	杭州市第十中学	82	24.8
	杭州市西湖高级中学	87	26.4
	杭州市光明初中	161	48.8
学习成绩	好	33	10.0
	中	242	73.3
	差	55	16.7
年级	初一	69	20.9
	初二	46	13.9
	初三	46	13.9
	高一	43	13.0
	高二	32	9.7
	高三	94	28.5
经济状况	好	32	9.7
	中	283	85.8
	差	15	4.5
人际关系状况	好	112	33.9
	中	200	60.6
	差	18	5.5
总计		330	100

[1] 在问卷调查过程中，学生对于年龄的填写受虚岁和周岁影响，无法统一。因此，研究者根据正常情况下每一年级学生的年龄计算获得。具体计算方法为：（69×14+46×15+46×16+43×17+32×18+94×19）÷330 = 16.62.

二、研究工具

（一）《中学生学业比较问卷》

本研究对儿童学业自我比较和社会比较的测量采用金春寒编制的《中学生学业比较问卷》。该问卷包括三个一阶因素和八个二阶因素，共45道测题。问卷采用5点计分法，中间值为3，从1—5分别表示非常不符合、不符合、一般、符合和非常符合。被试根据实际情况，对自己在学业上进行比较的情况评分。问卷所有测题均为正向计分题，被试在某一选项得分越高，说明被试更具备该比较行为。[1]

（二）《幸福感指数量表》和《生活满意度量表》

被试的主观幸福感通过这两份问卷测量获得，两份量表均为自陈量表。

三份研究工具在本书导论中有具体的介绍。

三、研究程序

研究者在三所学校，随机选取8个班共330名学生完成《中学生学业比较问卷》《幸福感指数量表》和《生活满意度量表》。问卷回收后，通过SPSS11.5和AMOS5.0对数据进行统计处理。

第二节 自我与社会比较对儿童幸福感影响的研究结果

一、研究工具的信效度检验结果

（一）《中学生学生比较问卷》及《主观幸福感量表》的信度检验结果

---

[1] 金春寒：《中学生学业比较的特点及其相关研究》，西南大学2007届硕士学位论文。

我们用SPSS11.5统计软件对问卷和量表的信度进行了检验，得到了各量表的内部一致性系数（α系数），结果见表7-2。

表7-2　　　　　　　各量表的内部一致性系数（*n*=330）

	中学生学业 比较问卷	比较倾向子 问卷	比较方式子 问卷	比较动机子 问卷	幸福感指数 量表	生活满意度 量表
α系数	0.920	0.812	0.869	0.828	0.951	0.807

由表7-2可知，各问卷和量表的内部一致性系数均在0.800以上。一般而言，内部一致性系数达到0.700以上就符合心理测量学的要求了，因此，本研究所使用的问卷和量表具有较理想的信度。

（二）《中学生学业比较问卷》效度检验结果

我们采用AMOS5.0统计软件对《中学生学业比较问卷》各子问卷的结构效度进行验证性检验。在本研究中，因为《幸福感指数量表》和《生活满意度量表》已经被广泛使用，其效度也被多次证明，因此，对这两份量表的效度不再进行重复验证。《中学生学业比较问卷》各子问卷的验证性构想效度检验结果如表7-3和图7-1、图7-2及图7-3所示。

表7-3　　　　中学生学业比较各子问卷理论模型的拟合指数

	CMIN/DF	*GFI*	*CFI*	*RMSEA*
比较倾向子问卷	4.353	0.900	0.864	0.097
比较方式子问卷	3.184	0.883	0.904	0.082
比较动机子问卷	4.244	0.836	0.800	0.099

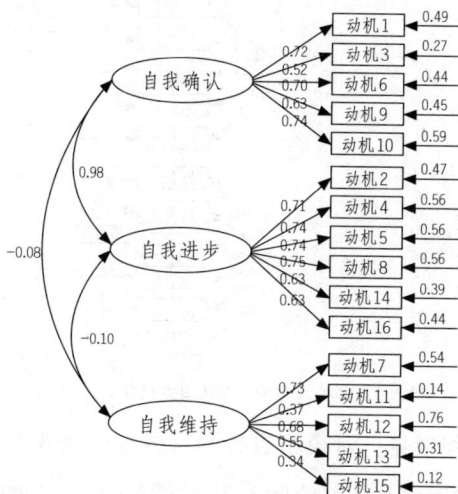

图7-1 比较动机子问卷三因素模型

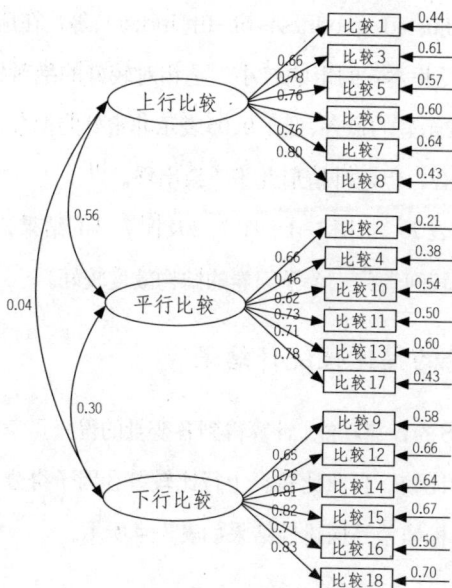

图7-2 比较方式子问卷三因素模型

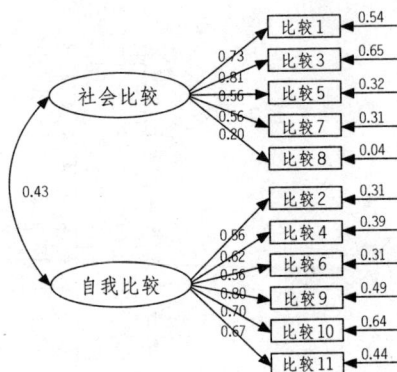

图7-3　比较倾向子问卷两因素模型

　　根据结构方程理论，对模型进行验证性检验主要参考以下几个方面的指标：X^2/df（卡方检验），RMSEA（Root Mean Square Error of Approximation，近似误差均方根），GFI（goodness-of-fit index），AGFI（adjusted goodness-of-fit index）等，在所有的拟合指数中，RMSEA受样本N的影响较小，是相对较好的绝对拟合指数，RMSEA低于0.1表示好的拟合，低于0.05表示非常好的拟合，低于0.01表示非常出色的拟合，但这种情形几乎不会出现。[1]

　　再结合本研究表7-2、图7-1、图7-2及图7-3的结果，表明本研究《中学生学业比较问卷》三个子问卷的结构效度较好。

二、各变量的描述性统计结果

　　我们通过SPSS的计算功能，计算得到各变量的得分。幸福感指数、生活满意度、社会比较、自我比较、上行比较等各因子得分的最大值、最小值、平均数、标准差等描述性结果如表7-4所示。

---

　　[1] 侯杰泰，温忠麟，成子娟：《结构方程模型及其应用》，25-27页，北京：教育科学出版社，2004。

表7-4　　　各变量的描述性统计结果（n=330）

	Minimum	Maximum	Mean	Std. Deviation
幸福感指数	2.100	14.700	9.798	2.998
生活满意度	1.000	7.000	3.636[1]	1.232
社会比较	1.000	5.000	2.944	0.678
自我比较	1.000	5.000	3.362	0.667
上行比较	1.000	5.000	3.053	0.786
平行比较	1.000	5.000	3.163	0.675
下行比较	1.000	5.000	2.320	0.841
自我确认	1.000	5.000	3.230	0.658
自我进步	1.000	5.000	3.272	0.688
自我维持	1.000	5.000	2.563	0.711

由表7-4可知，被试的幸福感指数及生活满意度平均数分别为9.798（SD=2.998）和3.636（SD=1.232）。在学业比较各因子上，下行比较（mean=2.320，SD=0.841）和自我维持（mean=2.563，SD=0.711）因子得分较低，自我比较（mean=3.362，SD=0.667）因子得分较高。

三、各变量的相关结果

我们采用相关分析法，对中学生学业比较与主观幸福感的关系进行初步探索，结果如表7-5所示。

表7-5　中学生学业比较与主观幸福感的相关结果（n=330）

	幸福指数	满意度	社会比较	自我比较	上行比较	平行比较	下行比较	自我确认	自我进步	自我维持
幸福指数	1									
满意度	.613**	1								
社会比较	.178**	.102	1							

[1] 在一篇已发表文章中，因为笔误把此数据写成3.363，特此更正并致歉，3.636为准确数据。

（续表）

	幸福指数	满意度	社会比较	自我比较	上行比较	平行比较	下行比较	自我确认	自我进步	自我维持
自我比较	.313**	.212**	.381**	1						
上行比较	.236**	.163**	.536**	.508**	1					
平行比较	.142**	.179**	.440**	.274**	.496**	1				
下行比较	−.123*	.036	.128*	−.193**	.047	.272**	1			
自我确认	.289**	.204**	.464**	.519**	.528**	.507**	−.032	1		
自我进步	.319**	.133**	.496**	.569**	.669**	.496**	−.130*	.796**	1	
自我维持	−.102	.019	.124*	−.062	.045	.251**	.700**	.068	−.027	1

注：** 表明在0.01水平上相关显著（双侧检验）
　　* 表明在0.05水平上相关显著（双侧检验）

由表7-5可知，学业比较中除了自我维持($r=-0.102$)因子外，其他各因子与幸福感指数相关显著。学业比较中除了自我维持($r=0.019$)、下行比较($r=0.036$)及社会比较($r=0.102$)三个因子外，其他各因子与生活满意度呈显著相关。

四、各变量的人口学差异检验结果

之后，我们采用t检验法和F检验法对各变量人口学差异进行了检验。结果以表格和统计图的形式呈现。

（ ）不同性别被试在各因子上的差异

不同性别被试在幸福感指数、生活满意度及学业比较各因子上的差异结果如表7-6所示。

表7-6　　不同性别被试在各因子上的差异结果（$n=330$）

	性别	N	Mean	Std. Deviation	t	p
幸福指数	男	166	10.011	3.124	1.309	.191
	女	163	9.579	2.856		

（续表）

	性别	N	Mean	Std. Deviation	t	p
满意度	男	166	3.822	1.272	2.802	.005**
	女	163	3.446	1.162		
社会比较	男	166	2.966	.673	.620	.536
	女	163	2.920	.685		
自我比较	男	166	3.283	.717	−2.162	.031*
	女	163	3.441	.603		
上行比较	男	166	3.011	.810	−.972	.332
	女	163	3.096	.761		
平行比较	男	166	3.160	.692	−.079	.937
	女	163	3.166	.658		
下行比较	男	166	2.467	.816	3.266	.001**
	女	163	2.169	.842		
自我确认	男	166	3.177	.695	−1.466	.144
	女	163	3.283	.615		
自我进步	男	166	3.175	.714	−2.617	.009**
	女	163	3.371	.647		
自我维持	男	166	2.658	.655	2.470	.014*
	女	163	2.466	.753		

注：** 表明在 0.01 水平上差异显著
* 表明在 0.05 水平上差异显著

由表 7-6 可知，不同性别被试在生活满意度、自我比较、下行比较、自我进步和自我维持几个因子上存在显著差异。男生生活满意度高于女生，女生比男生更多进行自我比较，男生比女生更多进行下行比较。与男生相比，女生的比较动机更多是为了自我进步；与女生相比，男生的比较动机更多是为了自我维持。

（二）不同年级被试在各因子上的差异

不同年级被试在幸福感指数、生活满意度及学业比较各因子上的差异结果如表 7-7 所示。

表7-7　　不同年级被试在各因子上的差异结果（ *n*=330 ）

	年级	N	Mean	Std. Deviation	F	p
幸福指数	初一	69	11.058	2.873	6.372	0.000***
	初二	46	10.369	2.574		
	初三	46	9.971	2.011		
	高一	43	9.246	2.769		
	高二	32	7.940	3.3280		
	高三	94	9.394	3.255		
满意度	初一	69	4.246	1.222	5.201	0.000***
	初二	46	3.730	1.156		
	初三	46	3.552	0.906		
	高一	43	3.386	1.210		
	高二	32	3.425	1.353		
	高三	94	3.372	1.249		
社会比较	初一	69	2.939	0.810	0.432	0.826
	初二	46	3.039	0.511		
	初三	46	2.900	0.632		
	高一	43	2.856	0.621		
	高二	32	2.900	0.767		
	高三	94	2.977	0.667		
自我比较	初一	69	3.575	0.747	4.774	0.000***
	初二	46	3.243	0.472		
	初三	46	3.235	0.555		
	高一	43	3.306	0.591		
	高二	32	3.000	0.799		
	高三	94	3.474	0.655		
上行比较	初一	69	3.263	0.883	2.655	0.023
	初二	46	2.971	0.604		
	初三	46	2.931	0.630		
	高一	43	2.860	0.758		
	高二	32	2.848	0.734		
	高三	94	3.157	0.850		

（续表）

	年级	N	Mean	Std. Deviation	F	p
平行比较	初一	69	3.302	0.747	2.812	0.017*
	初二	46	3.333	0.646		
	初三	46	3.076	0.555		
	高一	43	3.176	0.544		
	高二	32	2.855	0.651		
	高三	94	3.120	0.715		
下行比较	初一	69	2.169	0.879	0.760	0.579
	初二	46	2.409	0.845		
	初三	46	2.337	0.702		
	高一	43	2.389	0.879		
	高二	32	2.448	0.716		
	高三	94	2.305	0.898		
自我确认	初一	69	3.394	0.747	3.602	0.003**
	初二	46	3.417	0.506		
	初三	46	3.017	0.432		
	高一	43	3.233	0.619		
	高二	32	2.988	0.668		
	高三	94	3.202	0.714		
自我进步	初一	69	3.447	0.807	3.935	0.002**
	初二	46	3.377	0.539		
	初三	46	3.072	0.553		
	高一	43	3.333	0.630		
	高二	32	2.906	0.605		
	高三	94	3.287	0.716		
自我维持	初一	69	2.423	0.714	1.967	0.083
	初二	46	2.530	0.722		
	初三	46	2.552	0.630		
	高一	43	2.847	0.687		
	高二	32	2.531	0.671		
	高三	94	2.570	0.7420		

注：*** 表明在 0.001 水平上显著

  ** 表明在 0.01 水平上差异显著

  * 表明在 0.05 水平上差异显著

由表7-7可知,不同年级被试在幸福感指数、生活满意度、自我比较、上行比较、平行比较、自我确认、自我进步等因子上存在显著差异。

F检验后采用验后多重比较（LSD法）对分组均值进行成对比较,结合t检验两两具体比较的结果,将各种数据结果整理后见表7-8。

表7-8 不同年级被试各因子得分的LSD检验结果

因子	差异结果
幸福指数	初一>初三、高一、高二、高三；高二<初一、初二、初三、高三
满意度	初一>初三、高一、高二、高三
自我比较	初一>初二、初三、高一、高二；高三>初二、初三、高二
上行比较	初一>初二、初三、高一、高二
平行比较	高二<初一、初二
自我确认	初三、高二<初一、初二
自我进步	高二<初一、初二、高一、高三

由表7-7和表7-8可知,幸福感指数和生活满意度得分均为初一学生最高。为了更加具体说明主观幸福感的年级差异,我们以图示的形式表示（见图7-4）。此图清晰地呈现了幸福感随年级变化的趋势。

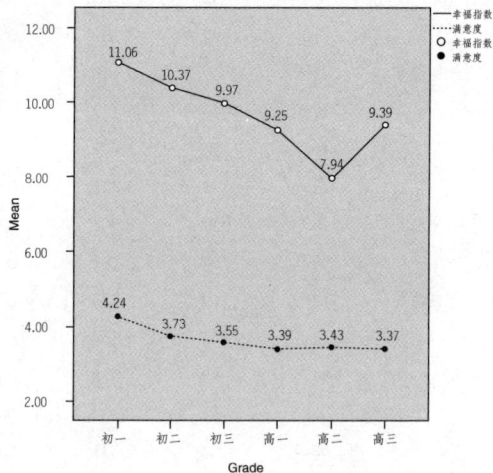

图7-4 不同年级学生在幸福感指数及生活满意度两个因子得分

（三）不同学习成绩被试在各因子上的差异

不同学习成绩被试在幸福感指数、生活满意度及学业比较各因子上的差异结果如表7-9所示。

表 7-9　不同学习成绩被试在各因子上的差异结果（n=330）

	学习成绩	N	Mean	Std. Deviation	F	p
幸福指数	好	33	11.731	2.906	10.823	0.000***
	中	242	9.772	2.982		
	差	55	8.752	2.582		
满意度	好	33	4.139	1.545	3.150	0.004**
	中	242	3.569	1.153		
	差	55	3.633	1.314		
社会比较	好	33	3.139	0.955	6.002	0.003**
	中	242	2.977	0.635		
	差	55	2.680	0.603		
自我比较	好	33	3.697	1.018	17.076	0.000***
	中	242	3.411	0.573		
	差	55	2.945	0.608		
上行比较	好	33	3.586	1.078	17.479	0.000***
	中	242	3.079	0.707		
	差	55	2.625	0.693		
平行比较	好	33	3.364	0.912	3.472	0.032*
	中	242	3.176	0.651		
	差	55	2.985	0.578		
下行比较	好	33	2.264	1.137	0.729	0.483
	中	242	2.300	0.798		
	差	55	2.443	0.829		
自我确认	好	33	3.382	0.952	5.501	0.004**
	中	242	3.267	0.594		
	差	55	2.976	0.667		
自我进步	好	33	3.566	0.885	7.827	0.000***
	中	242	3.295	0.641		

（续表）

	学习成绩	N	Mean	Std. Deviation	F	p
	差	55	2.998	0.678		
自我维持	好	33	2.436	0.924	0.726	0.485
	中	242	2.567	0.684		
	差	55	2.623	0.688		

注：*** 表明在 0.001 水平上显著
  ** 表明在 0.01 水平上差异显著
  * 表明在 0.05 水平上差异显著

  由表 7–9 可知，不同学习成绩被试在幸福指数、满意度、社会比较、自我比较、上行比较、平行比较、自我确认、自我进步几个因子上存在显著差异。LSD 检验结果表明，学习成绩好的学生在幸福指数和满意两个因子上得分显著高于学习成绩中等和差的学生；在社会比较因子上，学习成绩差的学生显著低于学习成绩好和中等的学生；在自我比较因子和上行比较因子上，学习成绩好的学生得分显著高于学习成绩中等和差的学生，学习成绩中等的学生显著高于学习成绩差的学生；在平行比较因子上，学习成绩差的学生得分显著低于学习成绩中等和好的学生；在自我确认因子上，学习成绩差的学生显著低于学习成绩好和中等的学生；在自我进步因子上，学习成绩好的学生得分显著高于学习成绩中等和差的学生，学习成绩中等的学生显著高于学习成绩差的学生。

  （四）不同经济状况被试在各因子上的差异

  不同经济状况被试在幸福感指数、生活满意度及学业比较各因子上的差异结果如表 7–10 所示。

表7-10　不同经济状况被试在各因子上的差异结果（n=330）

	经济状况	N	Mean	Std. Deviation	F	p
幸福指数	好	32	11.513	3.244	8.865	0.000***
	中	283	9.706	2.894		
	差	15	7.873	2.883		
满意度	好	32	4.363	1.471	7.788	0.000***
	中	283	3.586	1.167		
	差	15	3.053	1.336		
社会比较	好	32	3.006	.873	0.155	0.856
	中	283	2.938	.661		
	差	15	2.920	.538		
自我比较	好	32	3.536	.933	2.053	0.130
	中	283	3.355	.626		
	差	15	3.128	.692		
上行比较	好	32	3.307	1.013	2.894	0.057
	中	283	3.041	.746		
	差	15	2.744	.882		
平行比较	好	32	3.385	.745	2.856	0.059
	中	283	3.151	.663		
	差	15	2.911	.672		
下行比较	好	32	2.538	1.103	2.471	0.086
	中	283	2.279	.795		
	差	15	2.633	.984		
自我确认	好	32	3.363	.875	2.049	0.130
	中	283	3.230	.612		
	差	15	2.947	.915		
自我进步	好	32	3.339	.719	2.551	0.080
	中	283	3.286	.672		
	差	15	2.889	.844		
自我维持	好	32	2.544	.925	1.383	0.252
	中	283	2.550	.681		
	差	15	2.861	.739		

注：***表明在0.001水平上显著

由表7-10可知，不同家庭经济状况学生在幸福感指数和生活满意度上存在显著差异。LSD结果表明，家庭经济状况好的学生在幸福感指数和生活满意度上要显著高于经济状况差的学生。

（五）不同人际关系状况被试在各因子上的差异

不同人际关系状况被试在幸福感指数、生活满意度及学业比较各因子上的差异结果如表7-11所示。

表7-11 不同人际关系状况被试在各因子上的差异结果（n=330）

	人际关系状况	N	Mean	Std. Deviation	F	p
幸福指数	好	112	11.007	3.060	17.163	0.000***
	中	200	9.292	2.778		
	差	18	7.883	2.429		
满意度	好	112	4.071	1.241	11.651	0.000***
	中	200	3.436	1.142		
	差	18	3.166	1.439		
社会比较	好	112	3.028	.745	1.716	0.181
	中	200	2.912	.649		
	差	18	2.766	.481		
自我比较	好	112	3.546	.741	7.921	0.000***
	中	200	3.287	.601		
	差	18	3.041	.618		
上行比较	好	112	3.263	.850	8.267	0.000***
	中	200	2.976	.733		
	差	18	2.601	.597		
平行比较	好	112	3.325	.711	5.728	0.004**
	中	200	3.094	.651		
	差	18	2.907	.499		
下行比较	好	112	2.261	.931	2.161	0.117
	中	200	2.318	.790		
	差	18	2.703	.735		

（续表）

人际关系状况		N	Mean	Std. Deviation	F	p
自我确认	好	112	3.350	.744	3.244	0.040*
	中	200	3.178	.614		
	差	18	3.044	.442		
自我进步	好	112	3.458	.781	7.288	0.001***
	中	200	3.193	.619		
	差	18	2.981	.554		
自我维持	好	112	2.565	.772	0.001	0.999
	中	200	2.562	.687		
	差	18	2.562	.587		

由表7-11可知，不同人际关系状况的学生在幸福感指数、满意度、自我比较、上行比较、平行比较、自我确认、自我进步因子上存在显著差异。LSD结果表明，在幸福感指数上，人际关系好的学生得分显著高于人际关系中等和差的学生，人际关系中等的学生显著高于人际关系差的学生；在满意度因子上，人际关系好的学生得分显著高于人际关系中等和差的学生；在自我比较和平行比较因子上，人际关系好的学生得分显著高于人际关系中等和差的学生；在上行比较因子上，人际关系好的学生得分显著高于人际关系中等和差的学生，人际关系中等的学生显著高于人际关系差的学生；在自我进步因子上，人际关系好的学生得分显著高于人际关系中等和差的学生。

五、自我和社会比较对儿童幸福感的影响

笔者采用AMOS统计软件，运用结构方程建模方法，对中学生学业比较对主观幸福感的影响进行探索。分别构建了比较倾向、比较方式、比较动机影响幸福感指数的模型，比较倾向、比较方式、比较动机影

响生活满意度的模型，六个关系模型和拟合指数如图7-5、图7-6、图7-7、图7-8、图7-9、图7-10和表7-12所示。

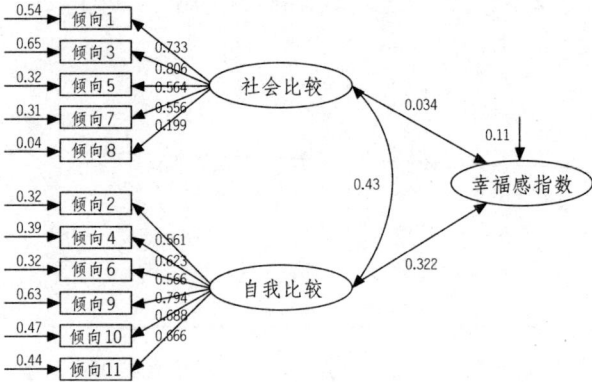

图7-5　学业比较倾向对幸福感指数的关系模型

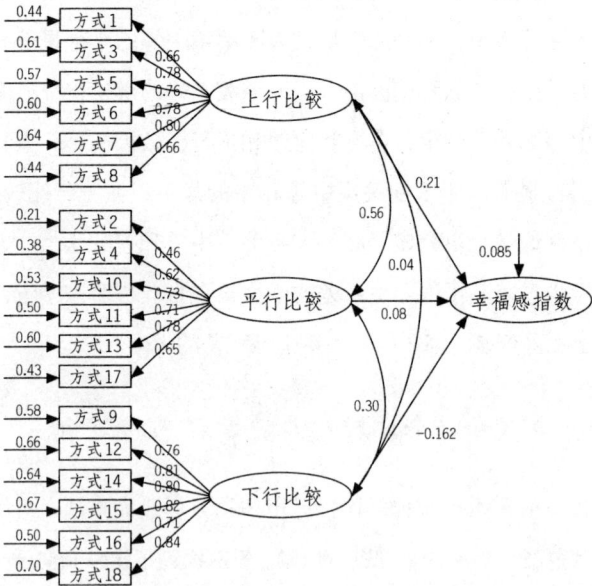

图7-6　学业比较方式对幸福感指数的关系模型

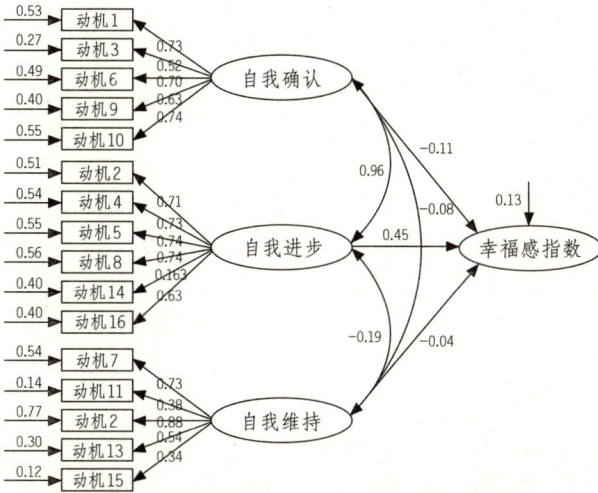

图7-7 学业比较动机对幸福感指数的关系模型

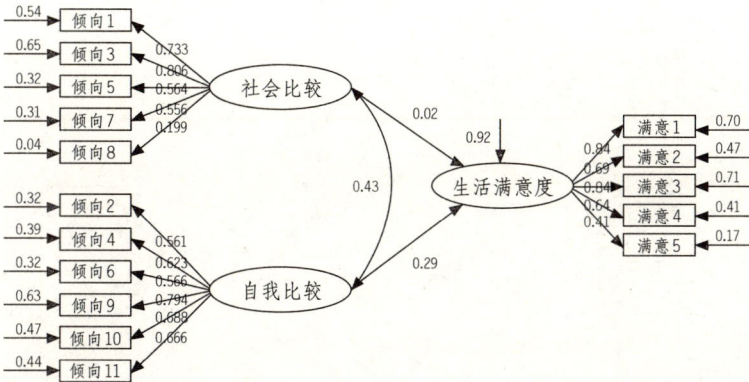

图7-8 学业比较倾向对生活满意度的关系模型

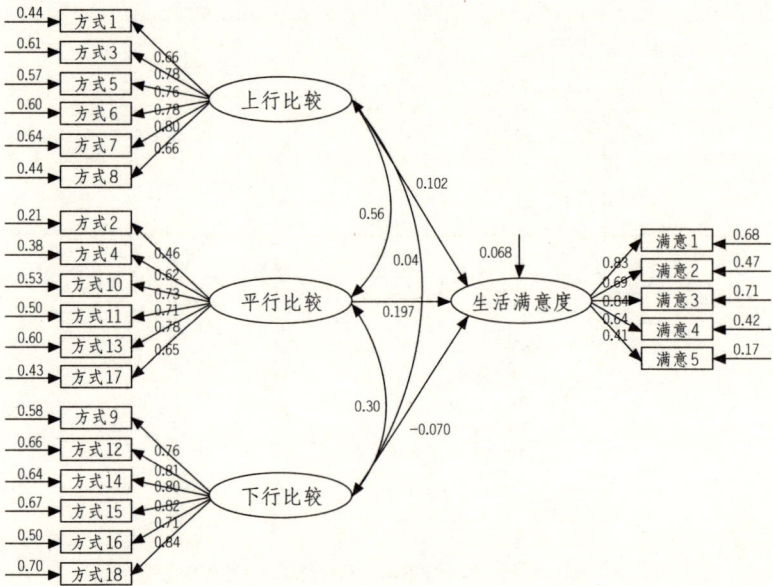

图7-9　学业比较方式对生活满意度的关系模型

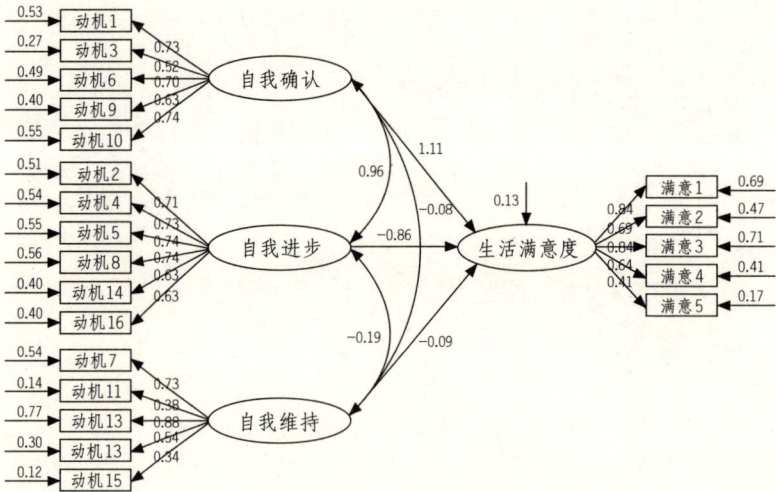

图7-10　学业比较动机对生活满意度的关系模型

表7-12　中学生学业比较对主观幸福感各影响模型的拟合指数

	CMIN/DF	GFI	CFI	RMSEA
幸福感指数←比较倾向	3.788	0.900	0.867	0.090
幸福感指数←比较方式	2.911	0.886	0.907	0.076
幸福感指数←比较动机	2.776	0.902	0.903	0.074
生活满意度←比较倾向	2.543	0.902	0.906	0.069
生活满意度←比较方式	2.495	0.878	0.908	0.068
生活满意度←比较动机	2.437	0.887	0.902	0.066

由图7-5、图7-6、图7-7、图7-8、图7-9、图7-10和表7-12可知，六个模型的拟合指数均非常理想，RMSEA值均小于0.100，除了比较倾向影响幸福感指数模型外，其他五个模型的拟合指数均小于0.080，表明各关系模型的理论构思具有合理性。

之后，我们进一步对各变量间的标准回归系数进行考察，各变量间的标准回归系数结果如表7-13所示。

表7-13　学业比较对主观幸福感六个关系模型中各变量间的标准回归系数

回归路径	标准化回归系数	p
幸福感指数←社会比较	0.034	0.620
幸福感指数←自我比较	0.322	0.000***
幸福感指数←上行比较	0.206	0.006**
幸福感指数←平行比较	0.084	0.299
幸福感指数←下行比较	−0.162	0.008**
幸福感指数←自我确认	−0.114	0.829
幸福感指数←自我进步	0.451	0.397
幸福感指数←自我维持	−0.041	0.628
生活满意度←社会比较	0.023	0.758
生活满意度←自我比较	0.293	0.000***
生活满意度←上行比较	0.102	0.216

（续表）

回归路径	标准化回归系数	p
生活满意度←平行比较	0.197	0.028*
生活满意度←下行比较	−0.070	0.289
生活满意度←自我确认	1.107	0.153
生活满意度←自我进步	−0.862	0.267
生活满意度←自我维持	−0.090	0.436

注：*表明在0.05水平上回归系数显著
　　**表明在0.01水平上回归系数显著
　　***表明在0.001水平上回归系数显著

由表7-13可知，自我比较（$B=0.322$，$p=0.000$）、上行比较（$B=0.206$，$p=0.006$）、下行比较（$B=-0.162$，$p=0.008$）三个变量对幸福感指数变量影响的标准回归系数达到显著水平，自我比较（$B=0.293$，$p=0.000$）、平行比较（$B=0.197$，$p=0.028$）两个变量对生活满意度变量影响的标准回归系数达到显著水平。其他变量间的影响关系未达到显著水平。值得注意的是，下行比较对幸福感指数的影响作用是负向的。

第三节　研究结论与讨论

一、本研究的主要结论

（一）本研究研究工具的信度和效度较好

本研究信度检验采用内部一致性系数检验，研究所使用的研究工具内部一致性系数在0.807-0.951之间，表明本研究所采用的研究工具具有较好的信度和效度。

本研究采用验证性因素分析对《中学生学业比较问卷》进行效度验证，结果表明《中学生学业比较问卷》三个子问卷的RMSEA值均小于0.100，表明研究工具有较好的结构效度。

（二）被试主观幸福感现状不容乐观

被试主观幸福指数平均得分为9.798，生活满意度平均得分为3.636。学业比较各因子得分在2.320至3.362之间，得分最低的是自尊维持，得分最高的是自我比较。

本研究中学生幸福感指数得分相较于同类研究小学生的幸福感指数(10.52)明显偏低，与中学生的幸福感指数（9.535）基本一致[1]。本研究中学生的生活满意度为18.18（总分），相比较于同类研究大学生的生活满意度（20.06）及农民工的满意度（19.40）均偏低[2] [3]。

中学生学业比较问卷采用的是5点计分，研究结果表明被试存在学业比较的情况，但比较不是经常性的发生。很少有被试为了维持自尊而进行学业比较，被试最多的是与自己的过去和自己的未来进行比较。

（三）被试的学业比较与主观幸福感存在较强的正相关

根据相关分析结果，除了自我维持与幸福感指数，自我维持、下行比较、社会比较与生活满意度之外，被试学业比较各因子与主观幸福感的各因子之间存在显著的相关关系，互相之间的具体影响关系将在回归分析中进一步探索。

［1］胡晓宁，李小平：《中小学生主观幸福感和对人坚信、被人接纳相关关系研究》，载《南京理工大学学报（社会科学版）》，2008（2）。

［2］朱翠英，凌宇：《不同类型高校大学生主观幸福感的比较》，载《中国健康心理学杂志》，2008（11）。

［3］奉先武，黄柏兰：《农民工自尊与主观幸福感研究》，载《社会心理科学》，2010（9）。

（四）各变量之间存在人口学差异

T检验和F检验等差异检验结果表明：

1．不同性别被试在生活满意度、自我比较、下行比较、自我进步和自我维持几个因子上存在显著差异。男生生活满意度高于女生，女生比男生更多进行自我比较，男生比女生更多进行下行比较。与男生相比，女生的比较动机更多是为了自我进步；与女生相比，男生的比较动机更多是为了自我维持。

2．不同年级被试在幸福感指数、生活满意度、自我比较、上行比较、平行比较、自我确认、自我进步等因子上存在显著差异。LSD结果表明，初一学生幸福感水平最高，高二学生最低。总体来看，初中生幸福感水平高于高中生幸福感水平。初中生进行的学业比较要多于高中学生。比较动机上，高二学生较少是为了自我进步或者自我确认。

3．不同学习成绩被试在幸福指数、满意度、社会比较、自我比较、上行比较、平行比较、自我确认、自我进步几个因子上存在显著差异。LSD检验结果表明，在上述几个存在显著差异的因子中，一般均为学习成绩好的学生显著高于学习成绩中等或者学习成绩差的学生。与学习成绩差的学生相比较，学习成绩好的学生更多进行社会比较和自我比较，并较多与表现比自己好或表现与自己差不多的学生进行比较，比较的目的更多是为了自我进步和自我确认。

4．不同家庭经济状况学生在幸福感指数和生活满意度上存在显著差异。LSD结果表明，家庭经济状况好的学生在幸福感指数和生活满意度上要显著高于经济状况差的学生。

5．不同人际关系状况的学生在幸福感指数、满意度、自我比较、上行比较、平行比较、自我确认、自我进步因子上存在显著差异。LSD检验结果表明，在上述几个差异显著的因子中，一般均为人际关系状况好的学生在得分上显著高于人际关系中等和差的学生。

（五）中学生学业比较对幸福感存在影响作用

我们采用结构方程建模的方法，对被试学业比较对幸福感的影响作用进行了探索，研究路径分析结果表明，自我比较、上行比较和下行比较三个变量显著影响幸福感指数，自我比较、平行比较两个变量显著影响生活满意度。下行比较对幸福感指数存在反向影响作用，即下行比较得分越高，学生越感觉不幸福。学业比较的其他因子对幸福感指数及生活满意度均不存在显著影响。

根据研究结果，本研究得出的主要研究结论包括：

首先，中学生的主观幸福感相对较低；

其次，年级、性别、学习成绩、人际关系状况及家庭经济状况均是影响中学生主观幸福感的人口学因素；

最后，学业比较对中学生的主观幸福感存在影响。

二、研究讨论

教育的目的是为了实现青少年的幸福。本研究结果表明，中国青少年学生（12–18岁）感受到的幸福并不高。很多可能的原因影响了中学生的幸福感，如中国的教育制度和考试制度，这从主观幸福感的年级差异可以获得。此外，家庭经济因素、学习成绩因素及性别因素等都对中学生的幸福感存在影响。与此同时，中学生生活在社会群体中，他们有自己的社会记忆和社会期望，比较的因素对其幸福感的影响作用不可忽视。在教育过程中，家长和教师应该引导学生进行适当的比较：中学生应该更多地与自己进行比较，如果比过去有所进步能够感受到更高的幸福；在进行比较时，动机应该是为了自我确认和自我进步，而不应该是为了维护自己自尊，自尊维持的学业比较不会对幸福感的提升起积极促进作用；学业比较过程中，可以和表现跟自己相当的学生或者表现比自己好的学生进行比较，而不是和不如自己的学生比较，和不如自己的学生进行比较可能会让学生感到暂时的满足，但从长远看，却会造成学生内心更大的不幸福。

影响青少年学生幸福感的因素非常多，本研究的实证调查仅仅针对青少年学业比较的因素展开调查。学业成就及表现是青少年不可回避的一个重要话题，对他们来说，学业成绩对其幸福感存在一定的影响。但这种学业成就很多情况下并不是绝对的学业成就，而是青少年进行比较的结果，与自己的过去比、与自己的未来比、与其他同学比，比较的目的或者是为了确认自己的水平、或者是为了进步、或者是为了自尊等，比较的对象有时候是比自己表现好的同学、有时候是不如自己的同学、有时候是和自己差不多的同学。总之，学业比较普遍存在于青少年学生中，且对青少年学生的幸福感造成影响。

总体来看，问卷调查结果表明，12-18岁儿童的幸福感水平并不高，这与前述第五章访谈研究的结果存在一定的矛盾。在访谈研究中，12-18岁的初中生和高中生表现出更高的幸福感，特别是初中生。产生这一差异的可能原因是访谈调查是笼统概化的提问，请被试判断自己是否幸福，结果只有"是"和"否"两种，被试作出的也是较笼统的判断。本章对幸福感的测量更加细化，采用的是标准化的量表，考查了儿童幸福的各个方面，更加具体。所以儿童总体上认为自己是幸福的，但在一些具体的方面又有了稍显消极的判断。此外，儿童的学业比较对儿童的幸福感存在影响。我们不倾向于赞同儿童与不如自己的同伴进行比较，因为进行这样的比较，不但不能获得幸福，还会降低儿童的幸福感。

第八章

未来与现实：比较视野中儿童幸福的现状与趋势

幸福是人类追求的永恒主题。什么是幸福？知足常乐的人是幸福的。老子曾谈到"祸莫大于不知足，咎莫大于欲得。故知足之足，常足矣。"知足常乐的知足表明了人们对幸福的一种态度，是来自自身的一种幸福，而不是永远不知道满足的比较。

对儿童来说，什么是幸福？儿童可能还不理解什么是知足常乐，很多幸福对年幼的儿童来说是一种短暂的快乐体验，但是我们不能忽视对儿童幸福的研究。同时，我们也不要对儿童的幸福问题太悲观。本研究的相关研究结果表明，儿童的幸福问题并没有到令人悲观的程度。但当儿童的幸福与成人认知中儿童的幸福划上等号的时候，儿童的幸福问题就成了一个复杂的问题。

最后，我们将对本书的主要研究结论进行归纳与总结，并在此基础上提出本书研究的主要创新及不足之处，以及未来研究的可能方向。之后，提出提高儿童幸福感的一些教育和政策建议。

第一节　本书的主要结论、创新、不足及未来研究方向

一、本书的主要研究结论

本书通过结合使用访谈法、问卷法及文献分析法等研究法，从不同的视角对我国3–18岁儿童的幸福感做了探索和研究。

本书获得的主要研究结论包括：

（一）什么是幸福？

基于以往的文献分析，幸福有心理幸福感和主观幸福感的区分。本研究中的幸福主要指主观幸福感(Subjective Well-Being, SWB)，即评价者根据自定的标准对其生活质量的整体性评估(Diener, 1984)。幸福具有绝对性和相对性、拥有性和失去性、客观性和主观性共存的特点，受经济、文化、人格、健康、信仰、社会关系及受教育程度等各种因素的综合影响。

（二）中国儿童眼中的幸福是什么？

儿童对幸福的理解，随着年龄的增长，呈现从简单到复杂、从一元到多元、从笼统到具体的发展规律。

1. 3–6岁的儿童，幸福是瞬间的快乐感受和体验。

2. 小学阶段的儿童，对幸福的理解呈现从单一到复杂、从笼统到具体、学习重要性增加、父母家人重要性增加这一趋势。

3. 初中阶段的儿童，对幸福的理解重视内心的满足、重视朋友同伴。

4. 高中阶段的儿童，对幸福的理解重视物质属性及情感属性。

（三）中国儿童幸福吗？

1．3－6岁的儿童还不能形成准确的幸福观，时而快乐，时而不快乐。

2．小学阶段的儿童基本认为自己是幸福的。

3．初中阶段的儿童总体幸福感水平较高。

4．高中阶段的儿童总体幸福感水平较低，其中高二儿童的幸福感水平最低。

（四）中学生幸福感的特性

1．中学阶段，男生比女生更幸福。

2．中学阶段，初一学生最幸福，高二学生最不幸福。

3．中学阶段，学习成绩好的学生比学习成绩不好的学生更幸福。

4．中学阶段，家庭经济状况好的学生比家庭经济状况不好的学生更幸福。

5．中学阶段，人际关系好的学生比人际关系差的学生更幸福。

（五）儿童的学业比较对于儿童的幸福感重要吗？

1．对6－12岁儿童的访谈研究表明，儿童的学业比较和社会比较普遍存在，6－12岁的儿童更注重学业比较。这一年龄阶段儿童的社会比较和自我比较影响儿童的认知、情感和行为，从而影响儿童的幸福感受。

2．12－18岁儿童的实证调查研究结果表明，这一年龄阶段：

（1）儿童主观幸福指数平均得分为9.798，生活满意度平均得分为3.631。学业比较各因子得分在2.320至3.362之间，得分最低的是自尊维持，得分最高的是自我比较。中学生学业比较问卷采用的是5点计分，研究结果表明儿童学业比较普遍存在。很少有被试为了维持自尊而进行学业比较，被试更多的是与自己的过去和自己的未来进行比较。

（2）学业比较的特性。女生更多进行自我比较，动机是为了自我进步；男生更多进行下行比较，动机是为了自我维持。

初一学生比其他各年级学生（高三年级除外）更多进行自我比较和上行比较，比较动机更多是为了自我确认和自我维持。

学习成绩好的学生比学习成绩差的学生更多进行学习社会比较和自我比较，并较多与表现比自己好或表现与自己差不多的学生进行比较，比较的动机更多是为了自我进步和自我确认。

人际关系好的学生在自我比较、平行比较、上行比较因子上，得分显著高于人际关系中等和差的学生，人际关系好的学生比较的动机更多是为了自我进步。

此外，家庭经济状况不影响儿童的学业比较。

（3）自我比较、上行比较和平行比较对儿童幸福感存在积极影响，下行比较存在消极影响。

路径分析结果表明，自我比较、上行比较和下行比较三个变量显著影响幸福感指数，自我比较、平行比较两个变量显著影响生活满意度。下行比较对幸福感指数存在反向影响作用，即下行比较得分越高，学生越感觉不幸福。学业比较的其他因子对幸福感指数及生活满意度均不存在显著影响。

二、本书的主要创新与实际价值

（一）本书的理论创新

1. 丰富了社会比较理论的研究内容。自 20 世纪 50 年代费斯汀格（Festinger）提出社会比较的概念之后，关于比较的研究一直围绕着个体的社会比较展开，本研究加入了儿童自我比较的内容，丰富了社会比较理论研究的内容。

2. 国内现有儿童幸福感的研究一般都是从儿童幸福现状，影响儿童幸福的社会、家庭和教育角度出发，较少有研究从比较的视角出发。因此，从比较的视角出发研究儿童的幸福感，在研究内容上具有一定的创新性。

（二）本课题的方法创新

在研究方法上，通过质的方法和问卷法的结合来研究儿童的幸福感问题，具有一定的创新性。

（三）本课题的实际价值

1. 本研究可以为教育工作者和儿童家长提供关于儿童比较类型的参考，提醒父母和教师应该重视儿童的社会比较和自我比较，了解其成因、类型及影响，正确引导儿童进行正确的比较。

2. 儿童的幸福是国家、社会和学校教育重点关注的内容。现阶段，儿童心理问题的严重性日益显现，很多关于儿童心理健康及儿童幸福感的现状调查研究已经表明，儿童的心理问题日趋严重，较少有儿童感受到幸福，所以对儿童幸福感的研究具有一定的现实意义。

3. 本研究从一个新的认知角度——比较（社会比较和自我比较），探讨其对儿童幸福感的重要影响。先前关于儿童幸福感的研究较多，但是研究更多的是考虑儿童人口学变量和生活事件、人格等心理因素对儿童幸福感的影响，没有考虑比较因素对幸福感的影响，忽略了儿童也是一个社会人，生活在社会群体中这一事实，而生活在群体中的个体是不可能离开社会比较和自我比较的。这一新研究角度的选取具有一定的现实意义。

三、本书的主要不足

本书的不足主要体现在以下几个方面：

其一，取样范围太窄，仅仅在浙江省的一个城市取样，没有涉及到农村及中国的其他省份。可能不同地区、不同经济情况等不同人口学变量的儿童对幸福的感受是不一样的，其社会比较和自我比较也存在差异。研究者也希望在接下来的研究中，能够对农村儿童的幸福感与比较进行深入的研究。

其二，在低年龄儿童幸福感的研究上，除了定性的访谈研究外，没有寻找到其他更好的方法来了解幸福感的现状及影响因素。

其三，影响儿童幸福感的因素是复杂的，本研究仅仅从儿童社会比较和自我比较的角度，重点关注学业比较对儿童幸福感的影响，对儿童幸福感的影响因素研究还远远不够。

四、未来的研究方向

未来儿童幸福感的研究，笔者将更关注儿童幸福感及其影响因素的人口学差异，重点关注中国不同地区儿童幸福感的差异，如西部、中部和东部地区，从更微观的角度对儿童幸福感进行探索。此外，笔者也将更关注不同年龄阶段儿童幸福感表现形式和影响因素的差异。

第二节　儿童幸福感的提高对策与建议

对于什么是幸福，确实很难给以定论，在教育过程中怎样才能给儿童最大程度的幸福更是矛盾的问题。"梅花香自苦寒来"有其合理性，而"教育应当遵循儿童的天性"也是正确的理念，如何抉择，确实没有完美的答案。但是在任何时候，教育都应该重视儿童的个体差异，不要"一刀切"地去看待儿童的幸福与发展。同时，应该以一种发展的眼光看待儿童的幸福。

在前述研究中，笔者也根据访谈研究及问卷调查研究的一些结果，提出了儿童幸福感提升的建议，如：让年幼的儿童尽情地"玩"；提升家长在儿童幸福感中的重要作用；帮助和引导孩子理解世界，形成正确的世界观；尊重孩子幸福观的年龄差异，让孩子获得真正的幸福等。

在著作的结尾部分，仅仅依据儿童认知中的幸福，主要从家庭的视角，给出可能提升儿童幸福感的建议。

一、家庭的视角

（一）营造积极快乐的家庭环境

根据访谈研究，大部分的儿童，特别是低年龄阶段的儿童，都提到了家庭和父母对于幸福的重要性。因此，父母哪怕工作压力再大，回到家里面对小孩子，也要忘记自己在职场上的身份，专心做爸爸与妈妈。

对于年幼的儿童，父母的陪伴比丰富的物质条件更重要。在这个泛焦虑的时代，职场压力及各种压力让父母们把太多的消极情绪带回了家庭。父母需要妥善处理这些关系，抽出更多时间陪伴孩子，让孩子感受到父母的关爱。

可能是因为职业的关系，在笔者自己的生活中，每天总是有写不完的报告和研究，想不完的实验和设计，有时候在带孩子玩的时候，脑子里还在想这个实验到底还存在什么漏洞，为什么跟原来的假设存在差异，因此总是会走神。慢慢开始懂事的孩子，就会问，妈妈你在想什么呢，你为什么回家后还总是坐在电脑前面呢，你为什么不能认真地陪我玩会儿呢。随着孩子慢慢长大，已经3岁多的小孩已经学会在忙碌的父母身边等待，等待着父母有时间陪他玩一会儿，哪怕是最简单的捉迷藏。事后想想，觉得对孩子很不公平。笔者的情况只是千万种情况中的一种，不同的家庭、不同的父母有不同的烦恼，但是无论如何，记得给孩子营造一个幸福快乐的港湾，不要让孩子成为家庭"冷暴力"的受害者。

（二）遵循自然发展原则，不将父母要求强加给孩子

让小孩子自然发展，不要把自己的要求或者社会流行的要求，强加于小孩。自己的要求或者社会的要求并不一定适合孩子，比如让孩子学奥数，学钢琴，但实际上小孩子可能并不喜欢。

父母对孩子的引导和教育，不能跟风，而是应该形成孩子自己独特而鲜明的个性品质。孩子会不会奥数、会不会弹琴、会不会画画这些重要吗？笔者认为这些并不重要。独立的人格、善良的心、对生命的感恩和敬畏，这些才是孩子需要拥有的，会让孩子终生受益。现在很多父母忽视的往往是这些更重要的品格的塑造，却重视"才能"教育。

作为父母，要切记的一点是孩子不是自己的附属品。父母不应该把自己的意志强加到孩子身上，或者希望孩子能成为自己意志的延伸。记得有一次跟一位同事聊天的时候谈到，孩子在其整个成长过程中带给父母无限的快乐，这种快乐就是孩子对于父母最大的意义，就这么简单。

把孩子的纯真还给孩子，让孩子拥有更多的幸福。

（三）父母对孩子的期望不要过高，对孩子多些鼓励

笔者跟一些家长接触的时候，经常会听到这样的话：我这一辈子就这么样了，我所有的希望都在孩子身上了。这典型地体现了中国父母几千年的传统思想：望子成龙，望女成凤。

孩子是父母生命的延续，一代更比一代好，这本身是一种美好而善良的期望。但是父母应该理性地看待这个问题，任何一个孩子都是这世界上独一无二的，就如同小王子心目中那独一无二的玫瑰。成人认知中的成就有时候并不是孩子的幸福。

前几天笔者问孩子，你现在要做什么？孩子答要做小松鼠，那长大了呢？长大了要做小狗。在孩子的生活中，小松鼠和小狗是他接触最多的小动物，他觉得像小松鼠和小狗那样生活就很理想。在那一瞬间，我真的希望孩子能够一直这么纯真，过自己喜欢的生活。有时候甚至在想，在千差万别的幸福观中，只要能够找到适合孩子的幸福就行。不管他以后成为一个什么样的人，如果成为一名厨师，能够享受烹饪的乐趣；如果成为一名农民，能够享受大自然的乐趣；如果成为一名科学家，能够享受科学研究的乐趣。总之，不管孩子成为什么样的人，要让他感觉幸福，要让他感受到生命的尊严与意义。

父母应该经常跟孩子说的一句话是："宝贝，你是最棒的，做你自己，加油。"

二、学校的视角

（一）维护教育的尊严，平等对待每一个孩子

毫无疑问，学校和教师对儿童的幸福感存在重要影响作用。学校是家庭以外，孩子所待时间最长的地方，孩子在学校里接受正规的教

育,教师的言行举止对孩子存在潜移默化的影响。从学校和教师的角度,笔者认为维护教育的尊严,平等对待每一个孩子对儿童幸福感的提升至关重要。每个孩子都是不一样的,每一个孩子未来要走的路也是不一样的。在教育过程中,教师能够尊重每一个孩子的特点,平等对待每一个孩子,对孩子的成长有着重要意义。教育的目的是让孩子成为他自己想成为的人,而不是成为教师或社会想让他成为的人,教师的作用在于引导孩子去发现,引导孩子去判断,引导孩子去塑造。

何谓平等? 简单的理解,就是平等地对待每一个孩子,平等地对待每一个孩子的理想,平等地对待每一个孩子的优点和缺点……让教育变得更纯粹些。

(二) 最大程度减少教育的功利价值取向

不可否认,教育主管部门在不断寻求有效的措施减少教育的功利取向。但笔者认为收效甚微,特别是对于中学阶段的孩子。作为家长,很多时候会由于某些事情的触动,改变对孩子的态度,从分数取向转变为顺应孩子自然的取向。但在教育领域,即使教师有触动,也无力改变大环境。在现有的社会背景下,教育的功利取向不可能瞬间消失。个别教育工作者的力量可能也是渺小的,但教师至少应该具备这样一种意识:既重视孩子的"成才",也重视孩子的"成人",在努力培养孩子成为社会标准意义上的人才时,也不放弃培养孩子成长为一个拥有健全人格的人。

"让人爱恨交加的中国式教育,在无始无终的争议声中,令人慨叹不尽。教育的意义,不仅一纸考卷,也非多才多艺,舍本逐末的教育方式,可能迎来开花却不一定结果。成长过程中,塑造一个健全的人格,培养完全自主的学习能力，这或许才是孩子最大的收获。"[1]

在全社会都在关注孩子的教育问题却又无可奈何时，作为教育工作者，能够做的就是从改变自身的教育理念开始。这也需要教师提升和改变自己的人生观和价值观。

行万里路，读万卷书。儿童的成长道路很长，有些幸福是短暂的，有些幸福是长久的。我们的家庭教育和学校教育，应该从提升儿童的长久幸福出发。

---

[1] 储永志：《中国式教育》，http://news.sina.com.cn/z/mstkzgsjy/.

参考文献

[1] 边玉芳：《儿童心理学》，杭州：浙江教育出版社，2009。

[2] 〔瑞士〕布伦诺·S. 弗雷，〔瑞士〕阿洛伊斯·斯塔特勒著，静也译：《幸福与经济学——经济和制度对人类福祉的影响》，北京大学出版社，2006。

[3] 陈红：《人格与文化》，合肥：安徽教育出版社，2009。

[4] 〔美〕达林·麦马翁著，施忠连、徐志跃译：《幸福的历史》，上海：三联书店，2011。

[5] 丁心镜：《幸福学概论》，郑州大学出版社，2010。

[6] 侯杰泰，温忠麟，成子娟：《结构方程模型及其应用》，北京：教育科学出版社，2004。

[7] 〔意〕路易基诺·布鲁尼，〔意〕皮尔·路易吉·波尔塔著，傅红春、文燕平译：《经济学与幸福》，上海人民出版社，2007。

[8] 苗元江：《心理学视野中的幸福》，天津人民出版社，2009。

[9] 皮连生：《教育心理学（第3版）》，上海教育出版社，2004。

[10] 孙英：《幸福论》，北京：人民出版社，2004。

[11]〔法〕安东尼·德·圣埃克苏佩里著，王以培译：《小王子》，北京：社会科学文献出版社，2010。

[12] 汪向东，王希林，马弘：《心理卫生评定量表手册（增订版）》，北京：中国心理卫生杂志社，1999。

[13] 史瑾：《儿童幸福观之比较研究——透视儿童与家长眼中的"儿童幸福"》，河南大学2008届硕士学位论文。

[14] 金春寒：《中学生学业比较的特点及其相关研究》，西南大学2007届硕士学位论文。

[15] 戴巧云：《青少年友谊与主观幸福感的相关性研究》，华东师范大学2005届硕士学位论文。

[16] 黄建荣：《国小儿童社会比较与自我比较之质化研究》，（台湾）屏东大学师范学院2005届硕士学位论文。

[17] 陈骐龙：《国小学童情绪智力与幸福感、人际关系及人格特质之相关研究》，（台湾）屏东大学师范学院2001届硕士学位论文。

[18] 陈天梅：《论亚里士多德的两种幸福观》，四川大学2006届硕士学位论文。

[19] 陈钰萍：《国小教师的幸福感及其相关因素之研究》，（台湾）屏东大学师范学院2004届硕士学位论文。

[20] 梁静：《社会比较与控制源对青少年幸福感受的影响》，西南大学2006届硕士学位论文。

[21] 苗元江：《心理学视野中的幸福——幸福感理论与测评研究》，南京师范大学2003届博士学位论文。

[22] 陈姝娟，周爱保：《主观幸福感研究综述》，载《心理与行为研究》，2003（1）。

[23] 当代少年儿童发展状况课题组：《中国少年儿童发展状况调查报告》，载《中国青年研究》，2006（2）。

[24] 丁新华，王极盛：《青少年主观幸福感研究述评》，载《心理科学进展》，2002（1）。

[25] 奉先武，黄柏兰：《农民工自尊与主观幸福感研究》，载《社会心理科学》，2010（9）。

[26] 黄颙：《客观存在与主观存在及其相互关系》，载《河南师专学报》，1991（2）。

[27] 胡晓宁，李小平：《中小学生主观幸福感和对人坚信、被人接纳相关关系研究》，载《南京理工大学学报（社会科学版）》，2008（2）。

[28] 李金珍，王文忠，施建农：《积极心理学：一种新的研究方向》，载《心理科学进展》，2003（3）。

[29] 李董平等：《青少年自我表露和自我隐瞒的特点及其与主观幸福感的关系》，载《心理发展与教育》，2006（4）。

[30] 李志，谢朝晖：《国内主观幸福感研究文献述评》，载《重庆大学学报（社会科学版）》，2006（4）。

[31] 李雁晨，周庭锐，周琇：《解释水平理论：从时间距离到心理距离》，载《心理科学进展》，2009（4）。

[32] 李卫东：《幸福哲学研究争刍议》，载《合肥工业大学学报（社会科学版）》，2009（5）。

[33] 刘文敏，吴丹：《教育与居民主观幸福感——来自2002年中

国城镇住户调查数据的实证研究》，载《科协论坛》，2011（5）。

[34] 骆玎：《"一切为了儿童的幸福"——论儿童幸福感研究的价值、视角和归宿》，载《教育探索》，2009（5）。

[35] 孙晓玲，张云，吴明证：《解释水平理论的研究现状与展望》，载《应用心理学》，2007（2）。

[36] 苏萍：《幸福的社会影响因素——分析中国2003年综合社会调查》，载《青年研究》，2007（3）。

[37] 田丽丽，刘旺：《青少年学校幸福感及其能力自我知觉、人格的关系》，载《心理发展与教育》，2007（3）。

[38] 宛燕，郑雪，余欣欣：《SWB和PWB：两种幸福感取向的整合研究》，载《心理与行为研究》，2010（3）。

[39] 王淑燕：《主观幸福感测评研究进展》，载《社会心理科学》，2004（5）。

[40] 王建民：《幸福感的社会性及其中国语境》，载《光明日报》2007-11-27。

[41] 吴明霞：《30年来西方关于主观幸福感的理论发展》，载《心理学动态》，2000（4）。

[42] 邢占军，黄立清：《西方哲学史上的两种主要幸福观与当代主观幸福感研究》，载《理论探讨》，2004（1）。

[43] 邢占军，黄立清：《Ryff 心理幸福感量表在我国城市居民中的试用研究》，载《健康心理学杂志》，2004（3）。

[44] 岳颂华等：《青少年主观幸福感、心理健康及其与应对方式的关系》，载《心理发展与教育》，2006（3）。

[45] 严标宾等：《青少年网络行为与主观幸福感的关系研究》，

载《中国临床心理学杂志》，2006（1）。

[46] 严标宾，郑雪，邱林：《SWB和PWB：两种幸福感研究取向的分野与整合》，载《心理科学》，2004（4）。

[47] 姚素慧：《幸福：儿童教育的终极目标》，载《成都教育学院学报》，2006（7）。

[48] 杨秀君，孔克勤：《主观幸福感与人格关系的研究》，载《心理科学》，2003（26）。

[49] 张兴贵：《青少年人格、人口学变量与主观幸福感的关系模型》，载《心理发展与教育》，2007（1）。

[50] 张羽，刑占军：《社会支持与主观幸福感研究综述》，载《心理科学》，2007（6）。

[51] 朱翠英，凌宇：《不同类型高校大学生主观幸福感的比较》，载《中国健康心理学杂志》，2008（11）。

[52] 储永志：《中国式教育》，http://news.sina.com.cn/z/mstkzgsjy/.

[53]《苏霍姆林斯基——教育的理想就在于使所有的儿童都成为幸福的人》，http://www.rabszx.com/blog/u/32/archives/2011/918.html.

[54]《焦点效应》，http://baike.baidu.com/view/3106531.htm.

[55]《中产也很脆弱：中国人的幸福感哪里》，http://view.news.qq.com/a/20060626/000068.htm.

[56]《如何用数字表达幸福》，http://view.news.qq.com/a/20060919/000085.htm.

[57] 维克多.E.弗兰克尔：《寻求生命的意义》，http://www.niwota.com/submsg/5663661/.

[58]《幸福在生活中与社会学上不是一个概念》，载《吉林日报》，http://cswbszb.chinajilin.com.cn/html/2011-01/12/content_687178.htm.

[59]《社会比较理论》，http://baike.baidu.com/view/2134070.htm.

[60]《我国每天5000多对夫妻离婚，京沪离婚率已超1／3》，http://news.sohu.com/20110603/n309202087.shtml.

[61]《中产也很脆弱：中国人的幸福感哪里去了》，http://view.news.qq.com/a/20060626/000068.htm.

[62]《如何用数字表达幸福》，http://view.news.qq.com/a/20060919/000085.htm.

[63]《中国少年儿童十年发展状况研究报告(1999-2010)发布》，http://www.587766.com/news2/24369.html.

[64]《中国的孩子丧失了幸福感吗？》，http://www.wyzxsx.com/Article/view/201106/238251.html.

[65]《人们在攀比中更能得到满足和幸福》，http://scitech.people.com.cn/GB/1057/4557505.html.

[66] 虞永平：《幼儿教育与幼儿幸福——对幼儿教育的一种反思》，http://www.pep.com.cn/xgjy/xqjy/yjyj/yjts/gnxw/201008/t20100823_702306.htm.

[67]《论伊壁鸠鲁的快乐主义》，http://www.doc88.com/p-977836225044.html.

[68]《洛克的白板说是什么》，http://zhidao.baidu.com/question/276720739.html.

[69]《皮亚杰认知发展理论》，http://wenku.baidu.com/view/f099fe63ddccda38376bafbb.html.

[70] Ahuvia, A. C. Individualism/collectivism and cultures of happiness: A theoretical conjecture on the relationship between consumption, culture and subjective well-being at the national level. *Journal of Happiness Studies*, 2002(3): 27.

[71] Anonymous. How Happy Are You, and What Can You Do about It? *Nonprofit World, Madison*, 2010 (28): 27.

[72] Boyce, C., Brown, G., & Moore, S. (2010). Money and happiness: rank of income, not income, affects life satisfaction. *Psychological Science*, 21(4), 471–475.

[73] Cheng, H., & Furnham, A. Personality, peer relations, and self-confidence as predictors of happiness and loneliness. *Journal of Adolescene*, 2002(25): 329.

[74] Diener, E. Subjective well-being. *Psychological Bulletin*, 1984, 95 (3): 542–575.

[75] Diener, E., Biswas, R. Will money increase subjective well-being? *Social Indicators Research*, 2002(57): 138.

[76] Diener, E., Sandvik, E., Seidlitz, L., & Diener, M. The relationship between income and subjective well-being relative or absolute? *Social Indicators Research*, 1993(28): 198.

[77] Diener, E., Oishi, S., Lucas, R. Personality, culture, and subjective well-being: emotional and cognitive evalutions of life. *Annual Review of Psychology*. 2003(54): 411.

[78] Dorn, D., Fischer, JAV., Kirchgassner, G., & Sousa-Poza. A. Is it culture or democracy? The impact of democracy, income, and culture on

happiness. *Annual Meeting of the Public Choice Society*, 2005: 2.

[79] Easterlin, R. A. Income and Happiness: Towards a Unified Theory. *The Economic Journal*, 2001, 111 (473): 465–484.

[80] Furnham, A., Cheng, H. Personality as predictor of mental health and happiness in the East and West. *Personality and Individual Differences*, 1999(27): 395.

[81] Furnham, A., Cheng, H. Perceived parental behavior, self–esteem and happiness. *Social Psychiatric Epidemiology*, 2000, 35: 463–470.

[82] Haller, M., Hadler, M. How social relations and structures can produce happiness and unhappiness: an international comparative analysis. *Social Indicators Research*, 2006, 75: 169–216.

[83] Hoder, M.D., Coleman, B. The contribution of temperament, popularity, and physical appearance to children's happiness. *Journal of Happiness Studies*, 2008(9): 280.

[84] Hoder, M.D., Coleman, B. The contribution of social relationship to children's happiness. *Journal of Happiness Studies*, 2009 (10): 330.

[85] Holder, M.D., Klassen, A. Temperament and Happiness in Children. *Journal of Happiness Studies*, 2010, 11: 419–439.

[86] Kahneman, D., Krueger, A. B., Schkade, D. A., et al. A survey method for characterizing daily life experience: the day reconstruction method. *Science*, 2004, 306: 1776–1780.

[87] Kahneman, D., &Krueger, A. B. Developments in the measurement of subjective well-being. *Journal of Economic Perspectives*, 2006, 20(1): 3–24.

[88] Kahneman, D., Krueger, A. B., Schkade, D. A., et al. Would you be happier if you were richer? A focusing illusion. *Science*, 2006, 312: 1908–1910.

[89] Martin, M.W. Paradoxes of happiness. *Journal of Happiness Study*, 2008, 9: 171–184.

[90] Park, N., Peterson, C. Character strengths and happiness among young children: content analysis of parental descriptions. *Journal of Happiness Studies*, 2006, 7: 323–341.

[91] Pavot, W., & Diener, E. Review of the satisfaction with life scale. *Psychological Assessment*, 1993(5): 164.

[92] Perneger, T.V., Hudelson, P.M., Bovierl, P.A. Health and happiness in young Swiss adults. *Quality of Life Research*, 2004(13): 171–178.

[93] Starke, R., Maier, J. Faith and happiness. Review of religious *Research*, 2008, 80(1): 120–125.

[94] Steel, P., Schmidt, J., Shultz, J. Refining the Relationship between personality and subjective well-being. *Psychological Bulletin*, 2008(134): 138.

[95] Veenhoven, R. Is happiness relative? *Social Indicators Research*, 1991, 24(1): 1–34.

[96] Vella-Brodrick, D.A., Park, N., Peterson, C. Three Ways to Be Happy: Pleasure, Engagement, and Meaning—Findings from Australian and US Samples. *Soc Indic Res*, 2009, 90: 165–179.

后　记

　　任何一个涉及人的主观价值世界的主题，研究者常会有一个共同的体会——越研究，越感到力不从心；越研究，越感到知识与阅历的不够。幸福显然是这样一个主题。幸福是每个人终生追求的状态，是自古以来人们就探寻答案的命题，也几乎是所有人文典籍几千年来一直在描绘与讨论的主题，它是足够复杂的。至于儿童的幸福感，因为儿童的天真与纯洁，因为儿童所要求的往往是大人觉得再简单不过的东西，一度让我以为研究儿童的幸福比研究成人的幸福会容易一些。但是在完成这份书稿的过程中，有关儿童幸福的研究材料，有关儿童生活幸福与不幸的案例，有关儿童主观感受的实证资料……所读、所见、所闻，一切都让我感到研究儿童的幸福远非自己所能胜任，书稿中的内容远未能达到解释儿童幸福感觉的真谛，甚至于有中途罢手，将书稿付之一炬的念头。但是，转念一想，让儿童幸福这个神圣使命的完成显然需要人们永恒的努力，或许我在这本小书中对儿童的幸福感的初浅研究，可以为后来者更科学更全面的研究提供帮助。于是，也就有了将浅见陋闻付之出版的决定，算是为儿童幸福研究抛出了一块砖。

对不同年龄阶段的儿童来说，幸福的体会肯定是不一样的。幼儿与少年，他们的幸福是不同的。在写这本书稿的几年间，也正是我自己的小孩出生成长的四年。他从呱呱坠地的婴儿到一个精力无穷、调皮捣蛋的小男孩，作为母亲的我，尽我所能为他提供让他幸福的成长环境，经历了每一个母亲都体会过的酸甜苦辣。可以说，这本书稿是我在养育儿子的过程中，猜测着他的幸福，尽量让他幸福的过程中完成的。期间，我带着他在美国待了五个月，带着这个打着尿包的小男孩在2012年的圣诞节假期里走在纽约第五大道，闲逛在时代广场……之所以带着他去异国他乡，并不是觉得在美国生活他会觉得幸福，只是觉得一个小孩不管在哪里生活，只要跟父母在一起，他肯定是最幸福的。事实上，纽约的生活与乡下外婆家的生活相比，在他的脑海中并没有什么特别，一来是因为年龄太小，对那些吸引大人们的繁华他一点也没有感觉，二来是父母在他身边，他没有觉得外界的环境变化对他的"幸福"有什么影响。现在，我每天都可以感受到这个还没有上学的天真小男孩极高的主观幸福感。因为他可以从长辈那里得到很多赞许，可以从父母那里得到许多想要的玩具……在一家人中，他的笑声是最响亮的，笑的次数是最多的。但是，我猜想，等到他上学的时候，等他渐渐长大的时候，可能会发生一些变化，他会变得与这本小书中的许多中小学生调查对象一样，童年时简单的幸福变成一种奢望。那时的他，可能已经被题海战术，被中考压迫得同样对生活中的精彩没有了兴趣。更糟糕的是，人们与我一样都明白这个事情是不对的，是需要改变的，但几乎每一个人最后都会向那股让儿童不幸福的力量妥协，甚至干脆加入它，成为剥夺自己孩子幸福感觉的重要份子。这是怎样的一种力量啊！

在写书与育儿的过程中，对儿童幸福的理解越来越深，但对儿童能否过着幸福的生活却越来越缺乏信心。这里面有对影响儿童幸福的文化传统与教育模式的担心，还有很大部分的原因在于对当下儿童生存环境的担心。从毒奶粉到"喂药"幼儿园，从毒胶囊到终年不散的雾霾，从做不完的作业到被压抑的兴趣……儿童的幸福生活在哪里会有？难道我们还能说幸福只是一种主观上的评价，不管是如何困苦与潦倒的人生，人们总是可以"感到"某种幸福？心理学上的主观幸福感概念确实如此。但抛开理论的定义，幸福，尤其是儿童的幸福应该有一个起码的物质与道德的社会条件。在雾霾笼罩、有毒食品包围的社会中，儿童的主观幸福只能是"主观的"。

其实，我们这个社会好像全民缺少幸福了，在中央电视台的记者举着话筒在大街上问"你幸福吗"的时代，幸福或者不幸福的答案其实是不重要的，重要的是我们怀疑我们的生活。正是基于这种怀疑，我们才会问"你幸福吗？"而这本小书中的所有文字与数据，其实都是向父母与师长提出的疑问——怎么样让儿童不仅仅"感到"幸福，而且真正幸福地生活着。答案肯定很多，对带着儿童一路成长的父母来说，最需要做到的是让家成为一个能让儿童"感到"幸福的地方。

这本书稿的完成历时四年多，借此后记的机会，我要感谢很多帮助书稿完成的朋友。

感谢我的学生陈丽翠，为"幸福与幸福的追求"一章收集并初步分析了文献资料；感谢我的学生刘瑶瑶和李秀明，分别完成了书稿初中生和高中生问卷发放、数据输入等调研工作；感谢选修我的研究生课程"教育统计与测量"的研究生们，感谢你们帮助完成了访谈工作；感谢所有被试的认真参与；感谢倪好同学细心地校阅了全部书稿。谢谢！

感谢浙江师范大学儿童文化研究院对儿童研究工作的支持。正是因为你们的重视与支持，才有了本研究的开展与完成。谢谢！

叶映华

2014年5月